国务院发展研究中心研究丛书 **2014**

丛书主编 ▪ 李 伟

从城乡二元到城乡一体

我国城乡二元体制的突出矛盾与未来走向

From
Urban-Rural
Dual Structure to
Urban-Rural Integration

国务院发展研究中心农村经济研究部　著

中国发展出版社
CHINA DEVELOPMENT PRESS

图书在版编目（CIP）数据

从城乡二元到城乡一体：我国城乡二元体制的突出矛盾与未来走向/
国务院发展研究中心农村经济研究部著 . —北京：中国发展出版社，2014.8
（国务院发展研究中心研究丛书/李伟主编 . 2014）
ISBN 978-7-5177-0168-2

I.①从… Ⅱ.①国… Ⅲ.①城乡建设—二元经济—研究—中国
Ⅳ.①F299.2

中国版本图书馆 CIP 数据核字（2014）第 102774 号

书　　　名：从城乡二元到城乡一体：我国城乡二元体制的突出矛盾与未来走向
著作责任者：国务院发展研究中心农村经济研究部
出 版 发 行：中国发展出版社
　　　　　　（北京市西城区百万庄大街 16 号 8 层　100037）
标 准 书 号：ISBN 978-7-5177-0168-2
经 　销 　者：各地新华书店
印 　刷 　者：北京科信印刷有限公司
开 　　　本：700mm×1000mm　1/16
印 　　　张：14.5
字 　　　数：160 千字
版 　　　次：2014 年 8 月第 1 版
印 　　　次：2014 年 8 月第 1 次印刷
定 　　　价：38.00 元

联 系 电 话：(010) 68990630　68990692
购 书 热 线：(010) 68990682　68990686
网 络 订 购：http：//zgfzcbs.tmall.com//
网 购 电 话：(010) 88333349　68990639
本 社 网 址：http：//www.develpress.com.cn
电 子 邮 件：bianjibu16@vip.sohu.com

"推进城乡发展一体化体制机制研究"
课题组

课题组顾问

韩　俊　国务院发展研究中心副主任，研究员

课题负责人

叶兴庆　国务院发展研究中心农村经济研究部部长，研究员

徐小青　国务院发展研究中心农村经济研究部原部长，研究员

课题组成员

谢　扬　国务院发展研究中心农村经济研究部巡视员，研究员

刘守英　国务院发展研究中心农村经济研究部副部长，研究员

何宇鹏　国务院发展研究中心农村经济研究部副部长，研究员

肖俊彦　国务院发展研究中心农村经济研究部副巡视员，研究员

潘耀国　国务院发展研究中心农村经济研究部第三研究室副主任，研究员

金三林　国务院发展研究中心农村经济研究部第一研究室主任，研究员

秦中春　国务院发展研究中心农村经济研究部第三研究室主任，研究员

张云华　国务院发展研究中心农村经济研究部第二研究室主任，研究员

李　青　国务院发展研究中心农村经济研究部副调研员，副研究员

伍振军　国务院发展研究中心农村经济研究部主任科员，副研究员

总 序

积极发挥智库作用　全力为改革服好务

国务院发展研究中心主任、研究员　*李伟*

　　去年 11 月召开的党的十八届三中全会，掀开了中国改革开放新的篇章，标志着中国进入全面深化改革的历史新阶段，对于全面建成小康社会、实现中华民族伟大复兴的中国梦具有重大而深远的指导意义。

　　改革的成功，需要正确的方向和可行的方法。过去三十多年的实践表明，中国特色的改革道路，以"三个有利于"为标准，既坚持了正确的方向，又找到了可行的方法。进入新时期的改革，涉及面更为广泛，调整利益格局更加艰难。我们必须以全球视野、战略思维，深化改革理论研究，密切结合世情国情，积极关注社情民意，科学认识全球结构调整和体制变革的方向、趋势，正确认识和把握民众诉求，遵循经济社会发展的规律，提升驾驭改革的综合能力，确保三中全会提出的各项改革任务圆满完成。为此，需要特别处理好理论指导与实践探索、加强党的统一领导与发挥各方创造性、积极果敢与稳妥推进、效率与公平、经济体制改革与社会体制改革等方面关系。

经济体制改革是全面深化改革的重点，其核心是处理好使市场在资源配置中起决定性作用和更好发挥政府作用的关系，而使市场发挥决定性作用是当前改革的主要矛盾方面。当前，我国经济正处在向中高速增长阶段转换的关键期。增长阶段转换表面上看是速度的换挡与调整，但在本质上是增长动力的转换与接续。我国经济能否在一个新的增长平台上良好运行，规模与质量、速度与效益的关系达到一种新的平衡，关键在于切实转变发展方式和着力培育经济增长新动力。

今年以来，我国在经济下行压力加大、局部风险开始显露的同时，结构调整取得积极进展，表现为服务业发展势头良好，消费对经济增长的贡献提高，就业状况不断改善等。这些积极变化也反映了我国经济正在向新常态平稳过渡。在此情况下，我们要充分地认识到改革举措有供给侧和需求侧之分，有见效慢和见效快之别。在抓好相对慢变量重大改革的同时，适当加大需求侧的改革措施，进一步发挥扩需求、稳增长的作用，与促进需求政策形成合力效应，通过换机制、调结构，着力培育增长新动力。

具体而言，近期，应以调整投资结构、稳定投资增速、化解金融风险为重点，积极推进相关重点领域改革和政策调整。如清理规范地方融资平台，推进地方政府合规融资；发挥政策性金融机构对住房和基础设施建设的支持作用；推动资产证券化，盘活存量；做好舆论引导、风险隔离、社会保障等配套工作，积极化解局部风险；与结构性减税政策相结合，积极推进加速折旧；治理产能过剩，推动产业结构调整等等。

中长期，则应把有利于稳增长、调结构、促转型的重大改革放在优先位置。推动以破除行政性垄断、促进竞争为重点的基础产业领域改革，提高非贸易部门的效率；围绕降低企业综合成本，推动土地、金融、流通、知识产权保护等领域改革，增强企业盈利能力，促进企业转型升级；加快服务业的对内、对外开放，破除各种隐性壁垒，形成平等进入、公平竞争的市场环境；适当提高中央政府债务占 GDP 的比重和当年财政赤字率，利用中央政府的负债潜力，加大社会公共服务设施建设，缓解地方政府和企业现实的债务压力。

十八届三中全会通过的《中共中央关于全面深化改革若干重大问题的决定》明确提出：加强中国特色新型智库建设，建立健全决策咨询制度。去年 4 月和今年 1 月，习近平总书记两次对智库建设和国务院发展研究中心的工作作出重要批示，明确指出智库是国家软实力的重要组成部分，要高度重视、积极探索中国特色新型智库的组织形式和管理方式；要求我们要紧紧围绕推进全面深化改革等重大任务，不断增强综合研判和战略谋划能力，提高决策咨询服务质量和水平。

国务院发展研究中心作为直接为党中央、国务院重大决策提供研究咨询服务的智库机构，在过去一年中，紧紧围绕中央的工作中心，牢牢把握为中央决策服务的根本方向，立足全局、突出重点、发挥优势、创新体制，以深入开展党的群众路线教育实践活动为契机，以全面推进"一流智库"建设为抓手，以提高政策咨询研究的质量和水平为重点，坚持中长期重大课题研究与当前经济社会发展热点难点问题研究相结合，完成了一批具有较高政策价值和较大社会影响力的研究成果，推动形成了一系列经济社会发展新政策新举措，为中央决策服务取得了新成绩。

"国务院发展研究中心研究丛书"迄今已是连续第五年出版。五年来，我们获得了各级领导同志和社会各界读者的热情关注与支持。特别是去年的丛书出版后，受到国务院领导同志的高度肯定。这是对我们继续做好工作的重要鼓励与鞭策。

今年的"国务院发展研究中心研究丛书"共 16 部著作。其中：《追赶接力：从数量扩张到质量提升》是国务院发展研究中心 2013～2014 年度的重大研究课题报告，深入分析了中国经济增长方式的转变路径与方法；《中国新型城镇化：道路、模式和政策》、《从城乡二元到城乡一体：我国城乡二元体制的突出矛盾与未来走向》等10 部，是国务院发展研究中心各研究部（所）的重点课题研究报告；此外，还有《中国电子商务的发展趋势与政策创新》等 5 部优秀招标课题研究报告。

这套丛书是国务院发展研究中心过去一年研究成果的优秀代表，但其中可能还存在着种种不足。衷心期望社会各界提出宝贵意见和建议，帮助我们在建设中国特色新型智库、开创政策研究咨询工作新局面、努力为全面深化改革服好务的道路上不断前进，为实现中华民族伟大复兴的中国梦做出新的更大贡献。

2014 年 8 月 18 日

内容提要

　　破除城乡二元体制以释放改革红利，提高城乡发展一体化程度以释放经济增长潜力，既是全面深化改革的重要任务，也是应对经济增长速度换挡的重要途径；既有利于让发展成果更多更公平惠及广大农民，也有利于提高土地、劳动力、资金等资源配置效率。

　　新中国成立后，逐步建立起了城乡分割的二元体制。这种体制加剧了城乡二元结构，延长了城乡二元结构的存续期，城乡差距的持续扩大使消除城乡二元体制必须付出的成本越来越高。党的十六大以来，在推动基本公共服务逐步覆盖农村、实现农民工政策取向由限制流动到保障权益和促进市民化的重大调整等方面采取了一系列举措。

　　目前，城乡二元体制远未完全消除。城乡土地权利与市场存在明显的分割，不利于保护农民土地财产权利，不利于有效利用集体存量建设用地；城乡之间和城市内部劳动力市场"双重二元结构"依然明显，不利于农民工权益保障和劳动力再配置效应充分释放；城乡之间金融制度安排存在明显差异，不利于农民获得普惠的金融服务；城乡之间公共资源配置失衡，不利于农民获得均等化的基本公共服务。由体制因素和发展阶段共同决定的城乡二元结构明显、城乡发展一体化程度低的局面，仍是目前我国面临的主要结构性问题之一。

推动城乡二元结构向城乡发展一体化转变的思路与政策建议：①拓展城乡发展一体化的视角，不仅要从解决好"三农"问题的视角强调城乡发展一体化，还要从释放国民经济增长潜力的视角推动城乡发展一体化，以利于凝聚和增进推动城乡发展一体化的广泛共识；②以保障农民公平分享土地增值收益为重点，加快构建用途管制、权能平等、增值共享的城乡统一建设用地市场，消除集体土地与国有土地在权能上存在的制度性差异；③以缩小城乡劳动生产率差距为重点，加快构建择业自由、同工同酬、同城同权的城乡统一就业市场，促进农业剩余劳动力继续向外转移和进城农业转移人口市民化；④以保障金融机构农村存款主要用于农业农村为重点，加快构建竞争适度、服务便捷、普惠"三农"的农村金融市场体系，努力使广大农民群众像城镇居民那样享受到优质的金融服务；⑤以推进城乡公共资源均衡配置为重点，加快构建制度统一、标准一致、服务可及的农村公共服务体系，健全有利于公共资源在城乡之间均衡配置的财政体制、公共产品和服务在城乡之间均衡布局的供给制度。

目 录
Contents

案例分析

综合报告

从城乡二元到城乡一体

——我国城乡二元体制的突出矛盾与未来走向

尽管我国工业化、城镇化水平已有很大提高，迈入了中等偏上收入发展阶段，但城乡二元结构明显、城乡差距过大仍是我国目前面临的主要结构性问题之一。尽管我国改革从农村起步并在推进城乡之间产品和要素平等交换与公共资源均衡配置方面采取了一系列措施，但城乡分割的二元体制仍是需要下大力气攻坚的重要改革领域之一。通过破除城乡二元体制以释放改革红利，通过提高城乡发展一体化程度以释放经济增长潜力，既是全面深化改革的重要任务，也是应对经济增长速度换挡的重要途径；既有利于促进社会公平正义，让发展成果更多更公平惠及广大农民，也有利于促进发展方式转变，提高土地、劳动力和资金等资源配置效率。

一、城乡二元体制固化了城乡二元结构

结构主义发展经济学认为，发展中国家早期发展阶段普遍存在明显的城乡二元结构现象。一方面，广大农村依然是工业革命以前

的传统社会，农业部门主要依赖土地、使用人力进行生产；另一方面，为数不多的城市却是殖民主义输入以后逐步进行工业化的现代社会，工业部门主要依赖资本、使用机器进行生产。发展中国家经济发展的过程，很大程度上是劳动力从低生产率的农村部门向高生产率的城市部门再配置的过程，当城乡劳动生产率基本均等后，城乡二元结构现象也就基本消除。

在我国步入现代化进程的初期，同样存在城乡二元结构现象。问题在于，新中国成立后，为了实现赶超目标，我国不仅没有去推动城乡二元结构的转换，反而集中资源推进工业化，试图在较短时期内建成现代化的工业体系。为服从和服务于这一战略意图，逐步建立起了城乡分割的二元体制①。其三大标志是：

第一，建立统购统销制度。新中国成立后，随着大规模经济建设的推进，城镇和工矿区人口迅速增加，全社会对商品农产品的需求迅速增加。但当时分散的小农经济增加生产和提高商品率的能力有限，农民有待价惜售心理，农产品购销形势严峻。国家决定改变光靠市场收购农产品的办法，采取计划收购的新办法。1951 年 1 月起实行棉纱统购，1953 年 11 月起实行粮食、植物油料统购，1954 年 9 月起实行棉布、棉花统购。同时，对城镇和工矿区人口实行定量配给的新供应办法。

第二，建立户籍管理制度。由于羡慕城市人口能得到稳定的粮

①　有专家认为，中国的计划经济体制实际上有两个重要支柱：一是政企不分、产权不明的国有企业体制；二是城乡分割、限制城乡生产要素流动的城乡二元体制。这两个支柱，支撑着整个计划经济体制的存在和运转。参见厉以宁（2008）。

棉油供应，农民开始有了向城市流动的愿望①。而随之出现的供应压力，迫使政府阻止农村人口向城市"盲目流动"。1953 年 4 月 17 日，政务院发出《关于劝阻农民盲目流入城市的指示》，规定未经劳动部门许可或介绍者，不得擅自去农村招收工人。1954 年 3 月，内务部与劳动部又发出《关于继续贯彻〈劝止农民盲目流入城市〉的指示》，重申对农民向城市流动与迁徙的限制。1956 年 12 月 30 日，国务院发出了《关于防止农村人口盲目外流的指示》，再次强调不得从农村私自招工。1957 年 3 月 2 日，国务院又发出《关于防止农村人口盲目外流的补充指示》。1957 年 9 月 14 日，国务院再次发出《关于防止农民盲目流入城市的通知》。1958 年 1 月 9 日，全国人民代表大会常务委员会通过了《中华人民共和国户口登记条例》，除了详细规定公民应进行各项基本情况的户口登记外，其中第十条还规定："公民由农村迁往城市，必须持有城市劳动部门的录用证明，学校的录取证明，或者城市户口登记机关的准予迁入的证明，向常驻地户口登记机关申请办理迁出手续。"这一规定以法律形式将限制农民迁往城市的制度固定下来。

第三，建立人民公社制度。用统购统销制度控制主要农产品的收购和供应，用户籍管理制度控制农民向城市转移，都未能解决好农业生产发展问题。在当时的背景下，认为促进农业发展的根本出路在合作化，合作社的规模越大越好。1958 年 3 月，中共中央政治局成都会议通过的《关于把小型的农业合作社适当地合并为大社的

---

① 对 20 世纪 50 年代前半期农民大量进城的原因，学术界有不同看法。参见廖洪乐（2013）。

意见》指出："为了适应农业生产和文化革命的需要，在有条件的地方，把小型的农业合作社有计划地适当地合并为大型的合作社是必要的。"1958 年 7 月 1 日，《红旗》杂志第 3 期《全新的社会，全新的人》一文，明确提出"把一个合作社变成一个既有农业合作又有工业合作基层组织单位，实际上是农业和工业相结合的人民公社"。这是在报刊上第一次提出"人民公社"。1958 年 8 月 6 日，毛泽东视察河南新乡七里营人民公社时，说人民公社的名字好；9 日，在与山东领导的谈话时说："还是办人民公社好……"，并指出公社的特点是一大二公。1958 年 8 月，中共中央政治局在北戴河召开扩大会议，会议通过了《中共中央关于在农村建立人民公社问题的决议》，认为这是"指导农民加速社会主义建设，提前建成社会主义并逐步过渡到共产主义所必须采取的基本方针"；9 月初，《人民日报》公布了这一决议，全国迅速形成了人民公社化运动的热潮，仅用了一个多月的时间就基本上实现了人民公社化。到 1958 年底，全国 74 万多个农业生产合作社合并成为 2.6 万多个人民公社，参加公社的农户有 1.2 亿户，占全国总农户的 99% 以上。

在 20 世纪六七十年代的工业化进程中，城乡二元体制进一步拓展和强化。在工农产品交换方面，农产品收购价格长期偏低，农业生产资料和农村日用消费品价格未随技术进步和生产效率的提高而降低，形成工农产品交换价格"剪刀差"。在基础设施建设方面，农村主要由集体经济组织和农民自己投入，城市则由公共财政投入。在社会保障方面，农村除五保户供养、合作医疗由集体经济组织负担费用外，没有其他任何社会保障；城市则由"单位"提供较为完整的社会福利待遇。特别是户籍管理制度的作用领域得到极大拓展，覆盖到就业、入伍、上学、选举、赔偿等多个方面，成为城乡二元体制的核心制度安排。

城乡二元体制的形成、拓展和强化，使我国的城乡二元结构不仅未能随国家工业化的发展而逐步消弭，反而进一步加剧和凝固化。城乡二元体制延长了城乡二元结构的存续期，城乡差距的持续扩大使消除城乡二元体制必须付出的成本越来越高。1952～1978年，第一产业占国内生产总值的份额从50.5%下降到28.1%，累计下降22.4个百分点；同期，第一产业占就业的份额从83.5%下降到70.5%，累计仅下降13个百分点。农业劳动生产率提高缓慢、农业比较劳动生产率持续下降，使农民收入长期难以提高。

二、破除城乡二元体制的努力

城乡二元体制涵盖经济、社会等多个领域。与改革开放前城乡二元体制在各领域全面拓展和强化、城乡二元结构持续加剧的单向演变趋势不同，改革开放后城乡二元体制在不同领域呈现有进有退、进退交错的格局（见表1）。

表1　　　　　　　　城乡二元体制演变的三个阶段

	第一阶段	第二阶段	第三阶段
持续时期	新中国成立至党的十一届三中全会	党的十一届三中全会至党的十六大	党的十六大以来
变化趋势	城乡二元体制全面建立，领域不断拓展，程度不断强化	城乡二元体制的部分领域开始破除，部分领域进一步强化	城乡二元体制全面系统破除

	第一阶段	第二阶段	第三阶段
主要标志	建立统购统销、户籍管理、人民公社制度；颁布人民公社六十条	废除人民公社、实行农产品流通市场化改革、逐步推进户籍制度改革、农民进城务工；城乡土地权能和市场分割加剧	加大户籍制度改革力度、促进农民工市民化、基本公共服务向农村覆盖、深化农村金融改革、开展征地制度改革试点

在党的十一届三中全会到党的十六大期间，我国为破除城乡二元体制、改变城乡二元结构，做出了很多努力。但在不同领域情况差异较大。有些领域较早开始破除并取得实质性进展，如随着农产品购销市场化改革的推进，工农产品交换关系实现了从"剪刀差"到平等交换的重大转型。有些领域进展缓慢，如早在1984年中央1号文件就允许农民自理口粮进入小城镇落户，但户籍制度改革仍然滞后。有些领域甚至进一步强化，如在土地制度领域，随着1982年宪法关于城市土地属于国家所有、农村土地属于集体所有的二元所有制结构的确立和《土地管理法》关于土地用途转换规定的实行，一方面城市建设无论公益性或经营性项目都可以征收农村集体土地、国有土地使用权的权能逐步扩宽，另一方面农村土地进入集体建设用地的通道越来越窄、集体建设用地使用权权能受到全面限制。

真正从全局的角度正视城乡二元结构、系统破除城乡二元体制，是党的十六大以后的事情（韩俊等，2012）。党的十六大报告首次明确承认"城乡二元经济结构还没有改变"，首次提出"统筹城乡经济社会发展，建设现代农业，发展农村经济，增加农民收入，是全面建设小康社会的重大任务"。党的十六届三中全会通过的《中共中央关于完善社会主义市场经济体制若干问题的决定》，明确要求"建立有利于逐步改变城乡二元经济结构的体制"，"国家新增教育、卫生、文化等公共事业支出主要用于农村"。党的十六届五中全会通过的《中共中央关于制定国民经济和社会发展第十一个五年规划的建议》要求，"坚持'多予少取放活'，加大各级政府对农业和农村增加投入的力度，扩大公共财政覆盖农村的范围，强化政府对农村的公共服务，建立以工促农、以城带乡的长效机制"。党的十七大报告强调，"要加强农业基础地位，走中国特色农业现代化道路，建立以工促农、以城带乡长效机制，形成城乡经济社会发展一体化新格局"。党的十七届三中全会通过的《中共中央关于推进农村改革发展若干重大问题的决定》指出，"尽快在城乡规划、产业布局、基础设施建设、公共服务一体化等方面取得突破，促进公共资源在城乡之间均衡配置、生产要素在城乡之间自由流动，推动城乡经济社会发展融合"，并提出了统筹土地利用和城乡规划、统筹城乡产业发展、统筹城乡基础设施建设和公共服务、统筹城乡劳动就业、统筹城乡社会管理等"五个统筹"的战略部署。党的十七届五中全会通过的《中共中央关于制定国民经济和社会发展第十二个五年规划的建议》提出，"按照推进城乡经济社会发展一体化的要求，搞好社会主义新农村建设规划，加快改善农村生产生活条件"，"完善城乡平等的要素交换关系，促进土地增值收益和农村存款主要用于农业农村"。党的十八大报告强调，"城乡发展一体化是解决'三农'问题的根本途径"，"加快完善城乡发展一体化体制机制，着力在城乡规划、基础设施、公共服务等方面推进一体化，促进城乡要素平等交换和公共资源均衡配置，形成以工促农、以城带乡、工农互惠、城乡一体的新型工农、城乡关系"。党的十八届三中全会通过的《中共中央关于全面深化改革若干重大问题的决定》指出，"城乡二元结构是制约城乡发展一体化的主要障碍"，"必须健全体制机制，形成以工促农、以城带乡、工农互惠、城乡一体的新型工农城乡关系，让广大农民平等参与现代化进程、共同分享现代化成果"。

遵照党的十六大、十七大、十八大和多次中央全会的部署，十多年来在破除城乡二元体制方面采取了一系列重大措施。

一是推动基本公共服务逐步覆盖农村。这是十多年来，在破除城乡二元体制方面，尺度最大、步伐最快、反响最好的领域。2002年中发 13 号文件《中共中央国务院关于进一步加强农村卫生工作的决定》明确提出："逐步缩小城乡卫生差距。"2003 年中发 3 号文件《中共中央国务院关于做好农业和农村工作的意见》强调，"全面建设小康社会，必须统筹城乡经济社会发展，更多地关注农村、关心农民、支持农业"，"国家今后每年新增教育、卫生、文化等事业经费，主要用于农村，逐步缩小城乡社会事业发展的差距"。2006 年中央 1 号文件要求："要把国家对基础设施建设投入的重点转向农村。"十多年来，公共财政的阳光逐步照耀农村，公共财政的雨露逐步滋润农民。在教育方面，结合农村税费改革，建立农村义务教育经费保障机制，实现由公共财政承担农村义务教育教师工资、校舍维护和公用经费等办学投入；免书本费、免杂费和补助寄宿生生活费的"两免一补"政策，从 592 个国家扶贫工作重点县起步，分步扩大到中西部和东部地区，最终从 2006 年秋季入学起全国农村实现真正意义的免费义务教育。在医疗卫生方面，实施农村医疗卫生基础设施建设规划，推进农村三级医疗卫生服务体系建设；从 2003 年起推进新型农村合作医疗制度试点，到 2008 年在全国农村基本普及这一制度，部分地区正在探索城乡居民医疗保险制度并轨①。在社会救助方面，结合农村税费改革，推进农村"五保"供养由集体福利事业向国家救助制度的转型；借鉴城镇居民最低生活保障制度经验，以农村特困群众定期定量生活救助做法为基础，2007 年在全国建立农村最低生活保障制度，实现农村社会救助的制度化、规范化；2013 年实现城乡大病医疗救助全覆盖。在养老保障方面，从 2009 年起开展"个人缴费、集体补助、政府补贴"的新型农村社会养老保险制度试点，提前 8 年于 2012 年实现制度全覆盖；在 2013 年 15 个省已实现城乡居民基本养老保险制度并轨的基础上，2014 年 2 月 7 日国务院常务会议决定建立全国统一的城乡居民基本养老保险制度，在制度模式、筹资方式、待遇支付等方面实现城乡一体化②。

二是实现农民工政策取向由限制流动到保障权益、促进市民化的重大调整。随着家庭承包经营制度的推行，农民获得了自由支配劳动时间的权利，开始就地就近兴办乡镇企业；随着城市经济体制改革的开展和沿海地区率先对外开放，农民获得了进城务工经商的机会，开始大规模向城市转移。在初期阶段，城市视外来务工人员

① 有专家担心，收入水平决定医疗服务的需求数量和质量，城镇居民对医疗服务需求的数量和质量高于农村居民，有可能出现农村居民"补贴"城镇居民的现象。参见潘俊强等（2013）。

② 有专家认为，新农保和城居保分别于 2009 年和 2011 年启动试点，在制度框架上本来差别就不大，这两大养老保险制度的合并虽然在一定程度上可能提高参保农民的养老水平，但对中国整个养老体系的统一作用有限。机关事业单位与城镇职工养老金制度并轨改革难度更大。参见孟庆伟（2014）。

为"盲流"，设置了很多障碍，在部分行业、岗位禁止招用非户籍人员，在节假日和重要活动举办期间限制农民工的行动自由，甚至大规模收容遣送。以 2003 年广州"孙志刚事件"为转机，在国家制度层面，实现了对农民工由限制行动自由向保护合法权益的重大转变，2006 年发布的《国务院关于解决农民工问题的若干意见》出台了一系列维护农民工权益的政策；以国际金融危机的发生和蔓延为转机，实现了由注重维护农民工短期权益向着手促进农民工市民化的重大转变，党的十八大报告明确提出"加快户籍制度改革，有序推进农业转移人口市民化"，2013 年 2 月国务院常务会议要求"年底前，地级以上城市要把符合条件的外来务工人员纳入当地住房保障范围"，2013 年 12 月召开的中央城镇化工作会议把推进农业转移人口市民化摆在城镇化六大任务之首。

三是在局部地区探索农村集体土地进入城市土地一级市场的途径、拓宽农民分享土地增值收益的渠道。在城市规划区外，探索集体土地使用权入股高速公路等经营性项目的做法，如上海青浦、金山等地在建设高速公路时，没有采用传统的征地模式，而是由农民以土地使用权与高速公路项目公司合作，作价入股，按股分红。在城市规划区内，北京、上海等地开展利用集体土地建设公租房试点。提高征地补偿标准，当土地补偿费和安置补足费的总和达到法定上限，尚不足以使被征地农民保持原有生活水平时，允许利用国有土地有偿使用收入予以补贴。实行留地安置，将部分征收土地返还给被征地集体经济组织，由其按城市规划自行开发建设，从而分享土地增值收益。开展城乡建设用地增减挂钩试点、使"拆旧区"农民腾退出的建设用地指标有偿转让，从国有土地出让收入等方面筹资金、对承担耕地保护任务的农民给予补偿，这些做法实质上是让城市化地区之外的农民分享城市化地区的土地增值收益。

三、城乡二元体制矛盾依然突出

破除城乡二元体制的主观努力，加上市场力量的客观作用，使城乡差距扩大的趋势得到扭转，城乡二元结构逐步消弭，特别是工农产品在平等交换的基础上已转向农产品价格支持和农业投入品补贴、以城乡居民收入比衡量的城乡居民收入差距自 2010 年以来连续 4 年缩小。但总体而言，城乡二元体制远未完全消除，由体制因素和发展阶段共同决定的城乡二元结构明显、城乡发展一体化程度低的局面仍十分明显①。我国最大的发展差距仍然是城乡差距，最大的结构性问题仍然是城乡二元结构（温家宝，2012）。

（一）城乡土地权利与市场存在明显的分割，不利于保护农民土地财产权利、促进农村集体存量经营性建设用地效率提高

在现行制度框架下，土地作为一种生产要素，城乡之间不仅存

---

① 党的十八届三中全会《决定》的表述是："城乡二元结构是制约城乡发展一体化的主要障碍。"我们认为，城乡二元结构明显与城乡发展一体化程度低，是一个事物的两个方面，并不构成因果关系，两者都是城乡二元体制的产物。也就是说，城乡二元体制才是制约城乡发展一体化的主要障碍。

在所有制性质不同的问题，城市土地属于国家所有，农村土地属于农民集体所有；而且存在权利不平等的问题，农村集体土地具有的权能明显低于城市国有土地，这种不平等的权能通过用途和规划管制得以体现（国务院发展研究中心课题组，2014）。这种城乡二元土地制度对农民土地财产权利的限制具体表现在以下方面。

一是发展权不平等。土地用于工业化、城镇化能够产生更大收益。但《土地管理法》规定，农民集体所有的土地的使用权不得出让、转让或者出租用于非农业建设；任何单位和个人进行建设，需要使用土地的，必须依法申请使用国有土地；国家征收农民集体土地，按原用途进行补偿。在这套制度安排下，国家垄断了城镇建设用地的一级市场，土地从农业向非农产业、从农村向城镇、从集体向国有转换所产生的增值收益，被收归国家所有。问题的复杂性在于，所有制歧视与用途管制交织在一起，不仅根据区位而且根据土地所有制性质确定土地用途，使集体土地的发展权受到严格限制[①]；用途管制与"土地财政"交织在一起，城镇基础设施建设和教育、住房保障、农田水利投入等对因用途管制而产生的土地增值收益形成严重依赖。

二是流转权不平等。城乡土地二级市场发育程度差异较大。在国有土地使用权二级市场上，除以划拨方式取得的部分外，以招标、拍卖、协议等出让方式取得的部分可以租赁、转让、抵押。集

[①]　深圳市尽管先后于1994年和2004年宣布将"关内"和"关外"集体土地转为国有土地，但此前已经存在的集体建设用地和宅基地的土地使用权权能并没有随之扩大，与其他经过征收形成的国有土地的土地使用权权能存在明显差别。这表明，即使改变了所有制性质，原集体土地的土地使用权权能仍受到严格限制。

体建设用地使用权只有在企业兼并、破产的情形下才能流转，宅基地使用权只能流转给本集体经济组织符合新申请宅基地条件的农户，土地承包经营权流转的限制条件也较多。

三是物权保护不平等。在用益物权方面，《物权法》规定"建设用地使用权人依法对国有所有的土地享有占有、使用、收益的权利"，没有把集体建设用地使用权视作用益物权进行保护；仅规定"宅基地使用权人依法对集体所有的土地享有占有、使用的权利"，与国有建设用地使用权相比，少了收益的权能，宅基地使用权是一种不完整的用益物权。在担保物权方面，《物权法》规定，国有建设用地使用权大部分情况下可以抵押，但"乡镇、村企业的建设用地使用权不得单独抵押"，"耕地、宅基地、自留地、自留山等集体所有的土地使用权"不得抵押。

（二）城乡之间和城市内部劳动力市场"双重二元结构"依然明显，不利于农民工权益保障和劳动力再配置效应充分释放

城乡二元体制对劳动力要素配置的影响体现在两个方面：一是阻碍农村劳动力向城市流动，不利于城乡就业市场一体化程度的提高。这导致城乡之间劳动生产率和工资水平出现"非市场性"差异，也就是这种差异明显超过迁移成本，进城就业有利可图与农村仍有大量剩余劳动力并存。随着城乡二元体制的逐步破除和农村剩余劳动力的持续向外转移，我国已于2004~2009年期间迈过"刘

易斯第一转折点"[1]，农民工工资的上涨速度明显超过其在务工地生存费用的上升速度。在"刘易斯第二转折点"到来之前，继续释放农业剩余劳动力仍应是基本政策取向，这需要推进农村集体产权制度改革、允许农民带着集体资产进城，"让人出得来"。二是阻碍进城农民工平等就业，不利于城市就业市场的整合。虽然城乡之间的体制边界被逐步冲破、农民可以自由进城寻找就业机会，但城市就业市场上户籍劳动力与非户籍劳动力（以进城农民工为主体，包括部分从小城市迁向大城市的劳动力）形成新的二元结构。

这里考察制约城乡之间劳动力要素平等交换的体制障碍，主要是考察进城农民工与城镇户籍职工之间的制度性差异。

一是就业机会不平等。据国家统计局对全国 31 个省（自治区、直辖市）、899 个调查县、7500 多个村和近 20 万名农村劳动力按季进行的抽样调查，2012 年末，外出农民工人均月收入水平为 2290 元，按此推算年工资为 27480 元。而当年全国城镇单位在岗职工平均工资为 47593 元（如果剔除其中的农村户籍就业人员，真正的城镇户籍职工的工资水平应该更高）。二者之差固然与户籍和非户籍劳动力的文化程度、职业技能等因素有关，但更主要的是城镇用人单位对非户籍求职人员存在歧视工资定价现象。虽然目前城市大多数就业岗位已不再与本地户籍公开挂钩，但各种隐性挂钩屡见不鲜，户籍歧视依然存在，就业机会并不平等（韩俊等，2013）。

---

① 目前国内多数专家以农民工工资的"跳跃式上升"为标志，认为我国"刘易斯第一转折点"出现在 2004 年左右，参见蔡昉（2010）、叶兴庆（2011）。也有专家以农业劳动力投入的边际生产率的"跳跃式上升"为标志，认为我国"刘易斯第一转折点"出现在 2009 年左右，参见邵挺、章元（2013）。

二是社会保障不平等。2012 年全国外出农民工中单位或雇主为其缴纳养老保险、失业保险、医疗保险、工伤保险和生育保险的比例分别仅为 14.3%、8.4%、16.9%、24% 和 6.1%。而 2012 年全国城镇就业人员参加城镇职工基本养老保险、失业保险、城镇职工基本医疗保险、工伤保险、生育保险的比率分别为 61.9%、41%、53.5%、51.2% 和 41.6%。如果考虑到城镇就业人员中的部分机关事业单位职工未统计在参保人数中的因素，城镇就业人员实际参保率更高。这表明农民工融入城镇职工社会保障体系的程度还很低。

三是合同保障不平等。2012 年外出受雇农民工与雇主或单位签订劳动合同的仅占 43.9%。从农民工主要就业行业看，2012 年与农民工签订劳动合同的比例，建筑业仅为 24.9%，制造业为 51.2%，服务业为 39.2%，住宿餐饮业为 37.6%，批发零售业为 40.1%。从近几年调查数据看，外出农民工与雇主或单位签订劳动合同的比例变化不大，没有明显的改善。劳动合同签订率低，意味着相当多农民工很难依法维护自身权益。

（三）城乡之间金融制度安排存在明显差异，不利于农民获得普惠的金融服务

与二元体制造成城乡之间土地和劳动力存在不平等交换、生产效率差异较大不同，资金要素在城乡之间配置失衡的原因更为复杂，既包括逐利本性导致资金从农村向城市流失，也包括制度因素导致农村存款难以主要用于农村（汪小亚等，2014）。

一是城乡抵押权利不平等。抵押权作为一种担保物权，不转移抵押物的占有，可以由所有人继续使用、取得的收益可以清偿债

务，担保效力最可靠、债权人的权益能得到最充分保障，是实践中最理想、最广泛使用的担保形式，有利于促进市场经济正常、良性运转。目前城镇居民住房产权、大部分国有土地使用权、企业设备等都可以用于抵押。而农民的土地承包经营权、住房财产权、宅基地使用权、集体建设用地使用权、生产周期长的经济作物、养殖的猪羊等，都不能作为融资抵押的标的物。缺乏有效抵押物是农民贷款难的重要原因。

二是城乡资金价格不平等。在计划经济体制下，贷款利率由人民银行统一制定，下发给包括农村信用社在内的所有银行统一执行，不允许有任何浮动。改革开放后，中央提出农村信用社的存贷款利率可以高于银行贷款利率，20 世纪 80 年代人民银行允许农村信用社贷款利率上浮，并不断扩大浮动范围；虽然也允许商业银行的贷款利率上浮，但是上浮的比例始终低于农村信用社允许上浮幅度。自从国有商业银行的业务向大城市转移后，农村的信贷业务由农村信用社"一统天下"。因为农村信用社的贷款利率高于国有商业银行的同档利率，因此，农村居民（个体户、企业）的贷款利率始终要高于城市居民（个体户、企业），农村居民或企业融资比城市居民融资要多付利息。这是城乡居民在金融信贷服务上存在不平等待遇的突出表现。

三是城乡金融服务不平等。长期以来，我国金融服务门槛较高，金融服务存在一定程度的覆盖盲区，金融行业服务半径未能有效延伸。这造成目前农村金融服务仍然是我国金融体系中最薄弱的环节，部分地区仍然存在金融服务盲区。我国有 4 万多个乡镇，金融机构空白或仅有一个金融机构的乡镇数量仍有近万个①。加之国有商业银行机构集中在大中城市，农业银行对原有的农村基层网点也进行了撤并，邮政储蓄银行虽然介入农村，却是以吸收存款为主，导致城乡金融机构网点占有率和覆盖率差距进一步扩大。同时，农村地区支付结算基础设施建设相对滞后、支付结算方式单一、支付结算服务手段陈旧、非现金支付工具应用比重低等问题依然突出，农村居民很难享受到国有大型商业银行先进硬件设施的服务，制约着农村地区资金的有效配置，不利于农业和农村经济发展。

（四）城乡之间公共资源配置失衡，不利于农民获得均等化的基本公共服务

城市公共服务由于集聚效应和规模效益其成本要低于农村，农村生活形态也不同于城市，城乡公共服务存在差距有客观必然性。然而，目前我国城乡公共服务差距之大，既与发展阶段有关，更与体制有关。如果说实现土地、劳动力、资金等生产要素在城乡之间的自由流动与平等交换，既取决于制度障碍的消除又有赖于市场机制发挥作用，那么，实现公共资源在城乡之间均衡配置则完全取决于体制障碍的消除。经过十多年来破除城乡二元体制的努力，作为公共资源最核心部分的公共财政，其覆盖农村的范围从纯公共产品逐步向准公共产品延伸，已基本改变了"农民的事农民自己办"的做法，国家对农村基础设施建设的参与程度明显提高，基本建立起

---

① 见《中国经济时报》2014年3月17日第1版。

覆盖全国农村的免费义务教育制度、新农合制度、农村低保制度、新农保制度，在制度上实现了从无到有的历史性转变。需要看到的是，城乡二元体制在公共资源配置领域留下的烙印仍很明显。

一是财力保障机制建设滞后，不利于农村比重大的县域获得均等的公共资源。财政资源是公共资源的核心。1994年实行的分税制财政体制改革总体上有利于促进地区和城乡间财力分配的均等化，从而有利于促进地区和城乡间基本公共服务的均等化。从近20年的实际运行情况看，中央财政转移支付对缩小地区间财力差异发挥了积极作用，但这一制度安排的均等化效果仍受制于一系列体制因素：中央对地方的税收返还以维持地方既得利益的基数法进行分配，体现了对收入能力强的地区的倾斜，不利于充分发挥转移支付对缩小地区财政收入差距的作用；中央对地方的转移支付中，均等化效果明显的一般性转移支付占比过低，各类专项转移支付占比过高，由于各类专项转移支付往往需要地方配套，为了争取资金和投资，许多县乡不得不借钱搞配套，使得县乡财政资金愈加匮乏，对农村比重大的地区很不利；地方纵向财政间财力分配制度不完善，级次越高的政府财力越充裕，而末端的县乡政府财力普遍不足，不利于弥合城乡间公共服务差距。2009年，全国有819个县存在基本财力缺口，严重影响当地基本公共服务的供给。为解决这个问题，近年来中央财政不断加大对县级基本财力保障的投入力度，2010年至2013年分别安排奖补资金475亿元、775亿元、1075亿元和1525亿元。同时，各地调整省以下财政体制，完善省以下转移支付制度。尽管如此，截至2012年年底，全国仍有部分县存在基本财力缺口。从全国看，目前地区间县级财力分布也很不均衡，按人口总量计算的县级人均公共财政支出，高的地区与低的地区相差近20倍；即使同一省份，部分地区也相差近5倍①。

二是城乡公共产品供给制度设计不利于农村获得均等的公共资源。从整体上看，目前城乡公共产品供给体制和政策措施仍存在较大差距，并突出表现在两个方面。第一，部分农村公共产品的筹资机制尚未完全转型，残存着集资摊派等旧的做法。特别是在农村公路、村庄环境整治等基础设施的建设投资中仍然要向农民集资摊派，一些地方甚至截留国家发放的农业补贴以顶替农民集资款，引发新的社会矛盾。第二，部分农村公共产品从理念到名称都带有浓厚的二元体制色彩。例如，基本医疗保险是公共产品的重要组成部分，向全体公民提供基本医疗保障是政府的重要职责。但目前通过新型农村合作医疗制度向农民提供的医疗保障，不仅保障程度大大低于城镇职工基本医疗保险和城镇"一老一小"大病医疗保险，而且仍被定性为"农民的合作事业"。实际上，财政已承担新农合资金的大部分，新农合的管理运行也完全由县级卫生行政管理部门主导，新农合并不具备合作制的基本要素和典型特征。仍然将其定性为农村合作医疗制度，以与城镇医疗保障制度相区别，对农民和市民实行两种不同的医疗保障制度，是二元体制惯性思维的深刻体现。

---

① 本自然段所用数据见《人民日报》2014年1月12日报道："县级财力保障升级"。

四、推动城乡二元向城乡一体转变的思路与政策建议

彻底破除城乡二元体制、最终消除城乡二元结构，需要付出长期努力。在坚持党的十六大以来所形成的统筹城乡发展的政策框架的基础上，应当抓住今后7年全面深化改革的历史机遇，把构建有利于城乡发展一体化的体制机制作为改革的重要领域和关键环节，加快形成以工促农、以城带乡、工农互惠、城乡一体的新型工农城乡关系，为广大农民平等参与现代化进程、共同分享现代化成果提供制度保障。

（一）拓展城乡发展一体化的视角

提高全社会推动城乡发展一体化的自觉性，使相关体制机制建设更加顺畅，需要对推动城乡发展一体化的出发点和落脚点有全面准确的把握。尤其要注意以下三点：

第一，推动城乡发展一体化，既是解决"三农"问题的根本途径，也是释放国民经济增长潜力的重要举措。目前各方面尤其是涉农部门，主要是从解决好"三农"问题的视角，强调城乡发展一体化。党的十七大报告要求，"形成城乡经济社会发展一体化新格局"。党的十八大报告更是明确提出，"城乡发展一体化是解决'三农'问题的根本途径"。在党的十八大报告和十八届三中全会《决定》中，都将农村改革发展的相关部署置于城乡发展一体化的框架之下。这些要求和论断无疑是正确的。在农业农村发展起

点低、工业化城镇化快速推进的大背景下，必须注重解决好农业现代化滞后和农村发展缓慢问题，促进工农、城乡协调发展。但我们认为，仅从解决好"三农"问题的需要出发推动城乡发展一体化是不够的，还必须从释放国民经济增长潜力的视角来认识和推动城乡发展一体化，更加深刻地把握城乡发展一体化的内在经济逻辑。

当前，我国正处于经济增长由高速向中高速阶段转换的关键期，迫切需要挖掘和培育支撑经济增长的接续力量。城乡发展一体化是公平与效率兼得的过程。从公平的角度看，城乡发展一体化特别是基本公共服务均等化，有利于农民分享现代化成果；从效率的角度来看，城乡发展一体化有利于增进土地、劳动力等资源配置效率[①]。提高集体存量建设用地的利用效率、扩展工业化城镇化用地空间，对缓解土地成本上涨压力具有重要现实意义。持续释放农业剩余劳动力、加强农民工职业技能培训、增强农民工稳定就业的能力和预期，有利于缓解人口红利减退对经济发展的长期不利影响，对提高我国产业工人素质、促进产业转型升级具有重要现实意义。增加农民收入、提高农民社会保障水平、改善农村基础设施，进一步挖掘农村消费和投资潜力，对发挥消费的基础作用、投资的关键作用也具有不可低估的现实意义。如同全球化、区域一体化，城乡发展一体化也能显著提高资源配置效率。推动城乡发展一体化，有利于为我国未来一个时期的经济增长提供支撑力量。从两个视角出

---

① 综合国内外多种研究成果，劳动力从农业向非农产业转移，大约贡献了改革开放以来我国 GDP 年均 10% 增长率的 20%，即 2 个百分点。见韩俊、何宇鹏（2014）。

发，处理好二者关系，对于进一步凝聚和增进推动城乡发展一体化的共识至关重要。

第二，推动城乡发展一体化，既要注重"多予"，也要注重"放活"。基于城乡差距过大、农村是实现全面建成小康社会目标重点难点的现实，毫无疑问应该坚持工业反哺农业、城市支持农村和多予少取放活方针，建立以工促农、以城带乡长效机制，加大强农惠农富农政策力度，坚持把国家基础设施建设和社会事业发展重点放在农村。但是，要从根本上缩小城乡差距、促进城乡共同繁荣，必须更加注重激发和增强农村自身发展活力。为此，要加大农村改革力度，培育新型农业经营主体、发展多种形式适度规模经营，提高农业竞争力；创新农村基础设施建设和管护机制，调动各方面资金进入农村的积极性；提高农民职业技能，深化农村产权制度改革，多途径增加农民收入。

第三，推动城乡发展一体化，既要提高均等化水平，也要彰显差别化特色。统筹城乡发展、缩小城乡差距，是促进社会公平正义、实现发展成果更多更公平惠及全体人民的重大举措。为此，要着力推进城乡居民基本权益和公共服务的均等化，统筹城乡义务教育资源均衡配置，健全家庭经济困难学生资助体系，构建利用信息化手段扩大优质教育资源覆盖面的有效机制，逐步缩小区域、城乡、校际差距；完善城乡均等的公共就业创业服务体系，消除城乡、行业、身份、性别等一切影响平等就业的制度障碍和就业歧视；努力缩小城乡、区域、行业收入分配差距；整合城乡居民基本养老保险制度、基本医疗保险制度；推进城乡最低生活保障制度统筹发展。但要注意的是，在推进城乡居民基本权益和基本公共服务均等化的同时，要突出城市与农村各自的特色。新农村应保持地域特色、民族特色，是传统农村的升级版而非现代城市的克隆版。

（二）以保障农民公平分享土地增值收益为重点，加快构建用途管制、权能平等、增值共享的城乡统一建设用地市场

土地制度改革的总体方向，应当是在加强用途管制和增强规划约束力的前提下，消除集体土地与国土土地在权能上存在的制度性差异。也就是要把用途管制作为首要原则，消除所有制歧视，在产权保护与用途管制之间达成新的平衡点。到 2020 年，集体经营性建设用地平等入市的制度框架基本建立，宅基地使用权权能明显扩大、农民住房财产权流转交易制度基本成型，征地补偿机制实现从"按原用途补偿"向"公正补偿"转变。

第一，加快相关法律修订步伐。打破现行城乡二元土地制度框架，既涉及利益结构的重大调整，也涉及法律关系的重大变革。推进土地制度改革，需要对宪法、土地管理法、担保法、物权法中的部分内容，特别是部分禁止性条款进行修订。如"城市的土地属于国家所有"；"任何单位和个人进行建设需要使用土地的，必须依法申请使用国有土地"，"国家征收农村集体土地按原用途补偿"，"农民集体所有的土地的使用权不得出让、转让或者出租用于非农业建设"；"乡（镇）、村企业的土地使用权不得单独抵押"，"耕地、宅基地、自留地、自留山等集体所有的土地使用权"不得用于抵押等条款。只有对这些上位法做出修订，才能使土地制度改革于法有据。

第二，明确集体经营性建设用地入市后的用途范围和农民住房财产权的受让人范围。在目前城市土地市场上，不同用途土地使用权的出让年限、价格水平差异很大；使用国有土地的商品房与使用集体土地的"小产权房"存在明显的价格差异。为平衡各方利益，应尽快编制集体经营性建设用地利用规划，对集体经营性建设用地入市后的用途做出明确规定。从转出农房者的角度，买方越多、竞争越充分，越有利于增加其收益。但从我国土地资源紧缺、包括宅基地在内的农村建设用地总量应当随城镇化发展而逐步减少的角度，不宜让城市资本到农村大量圈占农房和宅基地。为在这两个角度之间寻求平衡，应将农房受让人从目前仅限于本集体经济组织符合新申请宅基地的农户，放宽到更大地域范围内符合一定条件的其他家庭。对地域范围、资格条件，可在试点地区从小到大、从严到宽逐步试错，做到风险可控。

第三，明确集体土地增值收益分配原则。建立兼顾国家、集体、个人的土地增值收益分配机制，合理提高个人收益，这既是改革征地补偿机制的重要原则，也是分配集体建设用地流转交易所产生的增值收益的重要原则。对集体经营性建设用地而言，不同集体经济组织之间土地存量差异很大、存量大的地方往往也是以前违法占地多的地方，部分土地使用权掌握在个人或非集体企业手中，他们获取土地使用权时并不公开透明，如果不对流转交易产生的增值收益进行合理调节，将会产生严重的社会不公。深圳市规定，原集体经营性建设用地出让收入要在市土地收益基金与原集体经济组织继受组织之间进行分配①。湖北嘉鱼县提出，集体经营性建设用地初次流转的收益，按 30∶20∶50 的比例在县、乡镇、村之间分配，县、乡镇提取的土地收益作为城乡统筹建设配套资金，专项用于当地农村公共基础设施建设和兴办社会公益事业。应总结各地做法，从国家层面提出具体分配原则。对农民住房财产权而言，其流转交易势必带动所占用宅基地使用权的流转交易，集体经济组织作为这部分宅基地的所有权人，应当参与农房流转交易的增值收益分配或对来自集体经济组织外部的受让人收取集体土地使用费。

第四，完善征地补偿机制。我国正处于城镇化快速发展阶段，城镇连片开发建设中既有公益性项目，也有经营性项目，严格按公共利益原则行使征地权很难操作，城镇化所需的土地大部分今后还要继续通过征收取得。为此，应完善征地价格形成机制，改变按原用途补偿的原则，使被征地农民分享土地非农利用产生的增值收益。征地涉及农民住房拆迁时，不能再按地上附着物补偿，而应保障被征地农民的居住权。还可探索留地安置、区段征收等新途径。

（三）以缩小城乡劳动生产率差距为重点，加快构建择业自由、同工同酬、同城同权的城乡统一就业市场

在"刘易斯转折区间"，我国农业剩余劳动力继续向外转移，既具有一般特征，如工资水平将持续上升，又面临特殊情况，如工资上升对农业剩余劳动力转移的调动作用受一系列特殊因素制约。

---

① 见《人民日报》2013 年 12 月 21 日报道："深圳首宗'农地'成功入市，土地收益探索分配新模式"。

我国特殊的农地制度，使农业普遍处于小规模兼业经营形态，影响到农业劳动力的持续释放；特殊的城乡二元体制，使农民工难以融入城市，影响到中老年劳动力的长远打算；特殊的地区发展不平衡，使劳动力从内地向东南沿海长距离转移，影响到部分农业劳动力的转移决策。应针对"刘易斯转折区间"农业剩余劳动力转移的普遍性特征、我国城乡之间和城市内部残存的体制性障碍，采取更加精准的措施促进农业剩余劳动力继续向外转移和农业转移人口市民化。到 2020 年，农业人口退出农村的财产权利保护体系基本形成，农业转移人口融入城市的户籍、社会保障等制度障碍基本消除，统一规范的人力资源市场和城乡劳动者平等就业制度基本建立，城乡之间劳动生产率差距明显缩小。

第一，建立有利于农民带着集体资产走出农村的体制机制。加快农村土地承包经营权确权登记颁证，可以确权确地，也可以确权确股不确地；推行农地所有权、承包权、经营权分置并行，明确抵押担保的客体是经营权，以利于在农地流转过程中更好地保护进城务工农民的承包权；修订农村土地承包法，取消全家迁入设区的市并落户必须退回承包地的强制性规定，进城落户农民是否退回承包地应尊重本人意愿。加快农村集体经济产权制度和农村社会管理制度改革，实行集体经济组织与村民自治组织分设，前者以成员权为纽带、旨在产权共享，后者以常住地为纽带、旨在村务共治；按照保障农民集体经济组织成员权利的要求，锁定集体经济组织成员范围，把集体资产全部折股量化到有资格的集体经济组织成员，推动从"共同共有"向"按份共有"转变，并逐步扩大按份共有权的权能，赋予农民对集体资产股份更完整的权能。

第二，促进农业转移人口市民化。加大城镇基本公共服务常住人口全覆盖推进力度，今后新出台城镇公共服务政策不能再与城镇户籍挂钩，对目前仍与城镇户籍挂钩的公共服务事项进行全面梳理，从易到难排除脱钩的路线图和时间表。加大居住证推广力度，使部分符合条件的进城常住人口比其他进城常住人口提前享受更多的公共服务，作为一种过渡性制度安排，可以为大城市和特大城市有序接纳外来人口提供缓冲带。加大进城常住农民落户城镇力度，全面放开建制镇和小城市落户限制，有序放开中等城市落户限制，合理确定大城市落户条件，确保完成 2020 年前约 1 亿进城常住的农业转移人口落户城镇的任务；把进城落户农民完全纳入城镇住房和社会保障体系，在农村参加的养老保险和医疗保险规范接入城镇社保体系。建立财政转移支付、新增建设用地指标分配同农业转移人口市民化挂钩机制，调动城市政府接纳外来人口的积极性。

（四）以保障金融机构农村存款主要用于农业农村为重点，加快构建竞争适度、服务便捷、普惠"三农"的农村金融市场体系

金融是社会资源再分配的重要媒介，在推进城乡发展一体化中肩负着重要功能。要把发展农村金融市场、完善农村金融服务，作为国家发展普惠金融的重点。到 2020 年，以可负担成本有效、全方位地为所有农村地区提供金融服务的普惠式农村金融市场体系基本建立，农村贷款难问题明显缓解，农村居民像城镇居民那样享受到优质的基础金融服务。

第一，增强农村金融市场的竞争性。继续发挥农村信用社的主导作用。有效推进农业银行"三农"金融事业部制改革与发展，尽快将"三农"金融事业部改革范围扩大到全国 2048 个县（市）支行，对"三农"金融事业部新增贷款占其新增存款的比例、贷款余额占其存款余额的比例应提出明确要求。加快村镇银行发展步伐，在加强监管前提下，调整现行必须由商业银行发起等规定，允许具备条件的民间资本依法发起设立村镇银行，尽快实现县市全覆盖。积极发展新型农村合作金融组织，允许农民合作社、供销合作社开展信用合作。新设立农村金融机构，应把重点放在金融机构空白或仅有一个金融机构的乡镇。应当让农民在合理地域范围内有两个以上选择金融服务机构的机会，消除局部地区事实上存在的信用社独家垄断问题。

第二，消除抵押权利的不平等。扩大农村有效抵押物范围，总结集体林地承包经营权和林木所有权抵押经验，加快落实土地承包经营权、农民住房财产权抵押的规定，制定集体经营性建设用地使用权单独设立抵押权的具体办法，探索大型农机具、苗木、农业生产设施和农产品订单抵押、质押途径。

第三，系统推进金融服务均等化。从农户对存款、贷款、汇兑结算、代理服务等基础金融服务的差异化需求出发，在实现基础金融服务全覆盖和均等化的过程中，按照一定的优先序向农户提供基础金融服务。积极推进网点布局调整，制定网点布设规划，逐步在金融服务空白乡镇布局人工网点，提高金融服务覆盖率，优先做好县域网点服务升级和标准化改造，着力提升网点服务品质。加强农村金融支付网络建设，积极发展现代支付工具，积极拓展电话银行、手机银行等现代金融服务方式，通过在村卫生站、农资店、超市、小卖部等地方布放转账电话，扫除农村金融服务盲区，把"小银行"建到农民身边，方便农村居民办理小额取现、消费、转账、结算等业务。

第四，建立普遍服务补偿机制。农村金融业务风险较大，成本较高，回报率相对较低，提供农村金融服务往往面临更大的商业化经营压力。对农村金融机构给予合理适度的政策引导和支持，是调动金融机构积极性，促进农村金融服务供给增加不可或缺的重要手段。应加大对县域金融机构涉农贷款增量的财政奖励力度，把对农村信用社的营业税、所得税减免和较低存款准备金率要求的扶持政策扩大到其他农村金融机构。

（五）以推进城乡公共资源均衡配置为重点，加快构建制度统一、标准一致、服务可及的农村公共服务体系

改变城乡二元结构，既需要推动城乡之间要素平等交换，也需要促进城乡之间公共资源均衡配置。到2020年，县级基本财力保障水平明显提高，覆盖城乡居民的社会保障体系和公共文化服务体系全面建成，制度差异显著缩小，保障水平大幅提高。

第一，进一步健全有利于公共资源在城乡之间均衡配置的财政体制。推动县级基本财力保障机制建设从"补缺口"向"促均衡"转变，进一步改善县级财力均衡度，以县乡政府实现"保工资、保运转、保民生"为目标，逐步提高县级基本财力保障水平，实现县级政府财力与保障责任相匹配，为基本公共服务均等化提供财力支撑。在坚持省以下财政体制主要由省级政府确定、实施县级基本财

力保障机制的责任主体为省级政府的前提下，中央财政应统一制定全国县级基本财力保障机制的国家保障范围和标准，并逐步加大奖补资金支持力度，健全激励约束机制，引导和督促地方政府切实加强县级基本财力保障工作。省级政府应逐步完善省以下财政体制，依法界定省以下各级政府的事权和支出责任，调控能力有限、保障任务较重的省，应通过调整省以下财政体制适当集中财力，加大对县级基本财力保障的投入力度；完善省以下转移支付制度，增加一般性转移支付规模，进一步提高均衡性转移支付的规模和比重，重点增加对困难地区的一般性转移支付，优化省内横向、纵向财力分布格局；继续推进省直接管理县财政改革，对实现基本财力保障目标较为困难的县，省级政府要加大调控力度，将财政体制核定到县、转移支付测算下达到县。

第二，进一步健全有利于公共产品和服务在城乡之间均衡布局的供给制度。农村公共产品和服务的发展水平之所以仍明显低于城市，与需求侧有关，如农民在参加新农保时可能倾向于选择较低缴费档，导致个人账户积累和最终能够领取的养老保险待遇很低。但更主要的原因在供给侧，目前农村公共产品和服务的供给制度需要进一步完善。一是在规划道路、供水、供电、通讯、学校、医院等基础设施建设时，应当在一定区域范围内做到城乡统筹考虑，搞好城乡对接和联网，逐步实现城乡基础设施互联互通、共建共享。以缩小城乡宽带普及率为例，目前我国农村宽带资费相对水平较高，省宽带接入平均价占城镇居民收入普遍低于4%，但占农村居民纯收入比重普遍高于8%，西部农村基本在10%以上。到2012年年底，中国农村宽带人口普及率仅6.3%，为城市人口普及率的1/3，且差距在最近三年来持续拉大①。为扭转这种局面，缩小城乡数字鸿沟，应尽快研究建立宽带普遍服务补偿机制，降低农村宽带成本和低收入人群的信息网络使用成本。二是在制定教育、医疗、社会保障、就业服务等公共政策时，应首先在一定区域范围内做到城乡一体化、实行城乡居民同等待遇，条件成熟后再提高统筹层次直至全国范围内城乡一体化。三是完善各级各类行政管理机构和职能设置，重点是促进各级建设、交通、社保、教育、卫生等专业部门从以前过分关注城市转向既管城市又管农村，为城乡社会统筹治理和公共产品发展一体化提供体制保证。

执笔：叶兴庆

参考文献

[1] 蔡昉. 中国刘易斯拐点远未终结. 21 世纪经济报道，2010 - 9 - 3

[2] 国务院发展研究中心课题组. 制度先行：推进集体建设用地合理有序入市. 中国经济时报，2014 - 2 - 13

[3] 韩俊等. 中国农村改革（2002 - 2012）. 上海：上海远东出版社，2012

[4] 韩俊等. 城镇化过程中完善和创新流动人口管理服务政策总体研究报告. 国务院发展研究中心专题研究报告，2013

[5] 韩俊，何宇鹏. 以人为核心全面提高城镇化质量. 人民日报，2014 - 4 - 9

[6] 厉以宁. 城乡二元体制改革关键何在. 文汇报，2008 - 3 - 2

[7] 廖洪乐. 农民市民化与制度变革. 上海：上海远东出版社，2013

[8] 孟庆伟. 城乡居民养老金不及低保，结余 2300 亿元存银行贬值. 中国经营报，2014 - 2 - 14

---

① 见中国新闻网 2014 年 1 月 19 日报道："报告称城乡宽带普及率差距连续三年扩大"。

［9］潘俊强，钱伟，李红梅，张志锋.多地试水城乡医保一体化，医保并轨尚待长效观察.人民日报，2013 - 10 - 10

［10］邵挺，章元.我国劳动力市场总体进入'刘易斯转折点'——来自国家统计局7万抽样农户的数据分析.未公开发表的研究报告，2013

［11］汪小亚等.农村金融改革：重点领域和基本途径.北京：中国金融出版社，2014：13 - 16

［12］温家宝.中国农业和农村的发展道路.求是，2012（2）

［13］叶兴庆.持续释放农业劳动力的思考和建议.中国发展观察，2011（5）

专题报告

专题报告一
城乡二元土地制度的特征、问题与改革

党的十六大以来，通过不断的努力，逐步形成城乡统筹的政策体系，对促进城乡之间公共资源、公共服务的均衡配置起到了很大作用。党的十八届三中全会《决定》提出要健全城乡发展一体化的体制机制，促进城乡共同发展与共同繁荣的实现。城乡发展一体化的体制机制的建立旨在让生产要素在城乡之间合理流动和平等交换。要实现这一目标，关键在于土地制度，即必须改革现行的二元土地制度。中国目前的这套土地制度，城市化进程就是土地国有化，就是农民失去土地。如果这套土地制度不改革，城乡一体化的最终结果只能是城市吃掉农村；城市发达，农村凋敝。

一、城乡二元土地制度的基本特征

（一）城乡二元的土地权利体系

1982 年《宪法》规定，城市土地以及矿藏、水流、海域、森林、山岭、草原、荒地、滩涂等自然资源属于国家所有，除法律规定属于国家所有以外的农村和城市郊区土地、宅基地和自留地、自留山，以及法律规定归集体所有的土地和森林、山岭、草原、荒地、滩涂，属于集体所有，从此确立我国城市土地国有制和农村土地集体所有制并存的土地所有制架构。

第一，城乡分治的土地权利结构。在宪法规定下，我国的城乡土地采取分属两套不同的法律约束，农村土地受《农村土地承包法》规制，农民集体的农地的使用、收益和流转受该部法律规范；土地转用和城市国有土地受《土地管理法》规制，农地转为非农用以及土地转用后的使用、收益和转让受该部法律保护。由此也形成城乡土地完全不同的权利体系。农村土地承包者享有农地农用范围的土地使用权、收益权和流转权。一旦发生农地的转用，原农村土地所有者不仅失去土地所有权，也丧失土地非农后的土地使用权、收益权、转让权和发展权。

第二，城市土地允许机构和个人对其拥有使用权。土地使用权持有人有权占有、使用土地并可从土地中获得收益。持有人可对土地使用权剩余年限进行转让、出租和抵押。所取得的使用权也可交换、遗赠，或用作资本投资。如受让方为个人，所取得的使用权可以继承。不过，对这些权利也有一些限制。而法律规定的农民可以用作集体建设用地的土地限于三类：农民集体兴办企业或者与其他单位、个人以土地使用权入股、联营等形式共同举办企业用地、集体公共设施和公益事业建设用地、农民宅基地。农村集体建设用地不允许出租，宅基地以集体经济组织成员身份获得，一户一宅，房地分离，宅基地使用权人依法对集体所有的土地享有占有和使用的权利，但没有收益权和转让权。

第三，与国有建设用地使用权享有担保抵押权相比，农村允许抵押的土地及其相关财产只限于"以招标、拍卖、公开协商等方式取得的荒地等土地承包经营权"和"以乡镇、村企业的厂房等建筑物抵押的，其占用范围内的建设用地使用权一并抵押"以及"通过招标、拍卖、公开协商等方式承包的农村土地"，明确规定乡镇、村企业的建设用地使用权以及耕地、宅基地、自留地、自留山等集体所有的土地使用权不得抵押。

（二）城乡土地不同的配置方式

第一，农地限于农地农用下以农户为主体的土地出租、转包、入股、流转。第二，农地转变为市地时，由市县政府实行征收与转让。第三，国有土地实行划拨供应和有偿使用的双轨制。除国家机关用地和军事用地、城市基础设施用地和公益事业用地、国家重点扶持的能源交通水利等基础设施用地实行划拨供地外，其他各类建设用地一律实行出让、租赁、作价出资或者入股等有偿使用方式。第四，国有经营性土地实行政府独家垄断下的市场配置。工业、商业、旅游、娱乐、商品住宅等经营性用地以及同一土地有两个以上意向用地者的，采取招标、拍卖、挂牌公开竞价的方式出让。城市土地使用权既可以直接划拨给使用者，或者通过政府和使用者之间达成协议有偿出让给使用者。第五，按照用途，居住用地的土地使用权出让最高年限 70 年，工业用地 50 年，商业、旅游、娱乐用地 40 年；到期后土地使用者可申请续期。土地使用权期满，土地使用权及其地上建筑物、其他附着物所有权由国家无偿取得。

在城乡分治和不同配置方式下，土地市场也处于城乡分割状态。农村集体土地以村社为边界、集体成员可准入；农地流转主要处于无价格的非正规交易；不同类型农村土地（承包地、宅基地、集体建设用地、非耕地）按不同准入规则进入市场。城市土地由地方政府独家垄断土地供应、转让与回收；土地交易处于卖方垄断下的买方竞争。不同类型用地（公共目的用地、工业用地、经营性用地）按不同方式出让。由此造成土地价格扭曲和资源配置低效。

（三）土地增值收益在城乡之间分配严重不公

第一，在农地转为非农用地的过程中，主要实行政府征收。征收时按被征收土地的原用途给予补偿，征收耕地的土地补偿费、安置补助费最高不得超过被征收前三年平均年产值的三十倍。按照此原则，被征地农民在增值收益分配中就是得到土地原用途的倍数补偿后，丧失未来土地增值收益分享权。第二，由于市县政府是土地征收的实施主体和土地一级市场的唯一供地主体，土地用途转换时实行出让的第一道增值收益就归地方政府获得、使用与支配。第三，在现行国有建设用地市场规则下，用地者依法获得土地使用权后，就拥有了该幅土地在年期内的占有、使用、收益、转让、担保抵押权。随着城镇化进程，土地价值大幅攀升，土地未来的增值收益的大头就归了土地占有者，当然地方政府也以税收在交易环节获得部分收入。

目前这套土地增值收益分配制度与城市化进程中土地增值收益产生原理极不符合，由此造成巨大的土地利益分配不公。原集体所有者合法获得的补偿过低，城市化地区的农民补偿不规范、不透明、没原则；政府获得土地一次性增值收益过高但未来增值收益流失；房地产商和购房者支付一次性土地出让费用过高以及土地占有者获得的未来土地增值收益过高，成为造成当前收入分配不公的制度性因素之一。

（四）土地管制缺陷造成城乡不平等发展

1998年修订《土地管理法》时，我国将国外行之有效的用途管制制度引入并写进法律，提出"十分珍惜、合理利用土地和切实保护耕地是我国的基本国策"。通过一系列制度安排，实行最严格的耕地保护制度。通过编制土地利用总体规划、划定土地用途区、确定土地使用限制条件，严格限制农用地特别是耕地转为建设用地。另一方面，确立以集中统一管理为主的土地行政管理体制。1986年以前，我国土地由多部门分散管理。1986年，针对"以块为主"土地管理体制出现的问题，建立了全国城乡地政统一管理体制。1998年以土地用途管制取代分级限额审批管理，将农用地转用和土地征收审批权限上收到国务院和省级政府。2004年进一步理顺省级以下国土资源管理体制。2006年建立国家土地督察制度。至此，对土地相对集中管理、自上而下监督的土地统一管理模式基本形成，即国务院国土资源行政主管部门统一负责全国土地的管理和监督工作，实行国家、省、市、县四级管理，在领导班子管理体制上，实行中央与省双层管理、省级以下垂直管理的体制。

但是，由于城乡二元土地制度和政府卖地模式的存在，我国形成三重管制下的农地转用，即规划管制、土地用途管制和所有制管制。其结果是，造成城乡一体化的过程，就是农村版图减小和农村发展空间压缩的过程。

一是用途管制让位于规划管制。由于我国处于急速的工业化、城市化进程中，城市规模和数量均处于快速增长中，城市边界也便处于不断的外扩状态。城市政府通过行政区划调整和城市规划修编来扩展城市发展空间成为常态。由于城市的不断扩张和边界外移，土地利用总体规划对城市边界的约束力削弱，城市蔓延和农地非农化呈难阻之势。

二是土地所有制管制激励规划管制。按照城乡土地分治原则，农村土地属于农民集体所有，城市土地属于国家所有，农村土地变为建设用地就必须实行征用，进入城市版图的土地，也就要将原来的农村集体所有土地变性为国有土地。由此形成我国在土地转用上与主要市场经济国家的很大差别：后者只要服从规划和用途管制，土地所有人不仅可以利用土地进行非农建设，而且能将土地进行处置和转让，并从中获取土地非农化的级差收益。但是，在我国，由于施加了所有制管制，不同所有者之间在土地使用权利和土地利益分配上就设置了一道鸿沟，对于农民集体来讲，即便其土地在规划和用途管制上属于非农建设区域，他们也无权使用和收益，而是要将其调到城市规划范围和转为国有后，由地方政府出让给其他用地者，原来的农民集体丧失土地使用权、收益权和发展权。

三是土地年度计划指标和审批管理失效。由于用途管制失灵以及土地利用总体规划对城市扩张的软约束，加上低价征地制度激励地方政府多征、多占及多将农村土地转化为城市土地的激励，中央政府不得不强化年度指标和建设用地转用的审批管理，来制约地方政府的用地规模和城市扩张。但是，由于指标管理和审批管理具有很强的计划色彩，这种自上而下的指标分配，事实上造成按行政等级分配建设用地指标的状况，不仅其建设用地指标供给难以与经济发展需求相适应，难以真正起到约束地方政府用地的作用，而且造成层级低的县乡镇政府难以分配到指标，为了发展，他们只得采取违法、违规使用土地，成为扩张用地的另一战场。建设用地计划和审批管理既没有起到落实最严格耕地保护制度的作用，也与地方经济发展用地需求产生冲突，尤其不利于城乡共同发展、共同繁荣。

二、城乡二元土地制度造成的问题

（一）农地转用一律实行征地，城乡一体化形成土地国有化

在二元土地制度格局和征地城镇化模式下，伴随城镇化进程，农民集体土地通过征收变成国有化。近年来，各地通过城乡规划一体化来实施城乡一体化，农村土地变成国有土地呈增大之势。2010～2012年间，全国批准建设用地从726.75万亩增加到922.8万亩。其中，由农用地转为建设用地的数量约占70%。2011年和2012年间，每年征地规模都在400万亩左右，由耕地转为建设用地的数量占批准建设用地的比重超过40%。

1997～2011年间，我国每年实际新增建设用地从468万亩提高到1013万亩，年均增长5.7%。这一数量已经大大突破了每年的新增建设用地指标量，2002～2011年间全国共批准新增建设用地4300多万亩，但期间实际新增建设用地7442万亩，是计划量的173%。即使考虑到近年来分配给各省（市、自治区）的建设用地增减挂钩

指标，但实际新增建设用地的数量仍会远远超过批准的数量①。

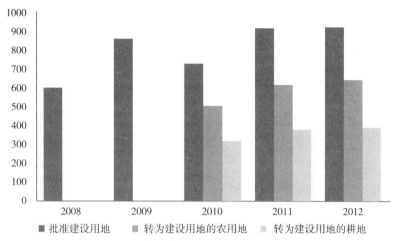

图1　2008～2012年间的批准建设用地规模（单位：万亩）

数据来源：国土资源部。

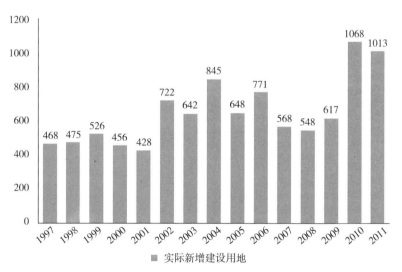

图2　我国每年实际新增建设用地规模：1997～2011（单位：万亩）

数据来源：国土资源部。

① 2013年国土资源部共批准29个省份开展增减挂钩试点，全国共安排城乡建设用地增减挂钩指标90万亩。

随着周边农村土地的不断被征收并纳入城市建设范围，城市边界不断向外扩张，城市政府管辖范围不断扩大。2001～2011 年期间，城市建设用地一共增加了 17600 平方公里，总面积达到了41805 平方公里，相当于 10 年增加了 58%。城市建设用地每年增加 1600 平方公里。其中，大约 90% 的城市建设用地的需求满足是通过征收农村土地，剩下的 10% 才是存量未开发的城市建设用地。2005～2011 年期间，总共 10200 平方公里农村土地被征收并转变为国有土地，用于城市建设用途；年平均征收农村土地面积 1460 平方公里，与同时期的城市建设用地增长面积和城市建成区增长面积基本一致。2008 年以来的 5 年里，对农村土地的征收急剧加速，年均征收与转化面积上升到了 4460 平方公里。

（二）土地城镇化与人口城镇化不匹配

城乡一体化的核心是，农地非农化的同时，人口融入城市，实现生产、生活方式的改变和农业社会向城市社会转型。我国的城乡一体化路径与国际经验比出现反常，城镇化呈双轨运行：一轨是政府征地推动的城镇化，另一轨是农民利用宅基地和集体建设用地自发的城镇化，两者在土地城镇化与人口城镇化关系上演绎出不同的逻辑。

政府征地推动的城镇化表现为"城市圈外移的城市化"。1995～2010 年，全国城市建成区面积共增加了 20793.8 平方公里，年均净增 1386.3 平方公里。在过去十多年间，各类城市发展呈现从中心城区向边缘空间快速外扩延展态势。1999～2008 年间，中国排名前 10 位城市的建成区面积从 2629 平方公里扩增到 7727 平方公里。但是，政府主导的城镇化"要地不装人"，影响人口城镇化进程。1990～2000 年间，我国土地城镇化的速度比人口城镇化的速度快 1.71 倍。2000～2010 年间这一趋势更加明显，两者速度差距进一步扩大到 1.85 倍。将常住人口与户籍人口的统计差异考虑进去，土地城市化快于人口城市化的特征就更加显著。到 2012 年，我国以常住人口统计的城市化率达到 52.3%，但是，按户籍统计的城市化率仅 35%，二者相差近 16 个百分点。城市的发展吸引了大量外来人口（主要是农民工）到城市就业和生活，但是他们无法在住房、社会保障、医疗和教育等领域与城市户籍人口享有同等的权利。

表 1　　　　1995 年以来的中国的城区面积和城市建成区面积　　　　单位：平方公里

年份	城区面积	城市建成区面积	年份	城区面积	城市建成区面积
1995	1171698	19264.2	2003	399173.2	28308
1996	987077.9	20214.2	2004	394672.5	30406.2
1997	835771.8	20791.3	2005	412819.1	32520.7
1998	813585.7	21379.6	2006	166533.5	33659.8
1999	812817.6	21524.5	2007	176065.5	35469.7
2000	878015	22439.3	2008	178110.3	36295.3
2001	607644.3	24026.6	2009	175463.61	38107.3
2002	467369.3	25972.6	2010	178691.7	40058.0

资料来源：中国城市建设年鉴，2008。

在另一轨道上，伴随外地人口为谋求非农就业和更高的收入机会流向城市，带来居住需求上升，划入城市圈的城乡结合部原住农民以剩余土地（包括宅基地、原集体经营性用地和公益性用地）"种房"出租，分享城市化带来的级差收益（参见表 2）。城乡结合部区域成为承载流动人口城市化的主要区域。北京市直到 20 世纪 80 年代，外来流动人口规模仅 20 万左右，到 2007 年末，居住半年以上的外来人口达 420 万，比 30 年前净增 400 万，占人口增量的 52%。目前，北京市流动人口超过 700 万，且以每年约 40 万人的速度在增长，城乡结合部地区栖居的流动人口占全市流动人口总量的 52.63%。

城乡结合部的存在，为本地农民增加收入、以房租分享城市化带来的级差收益提供了机会（参见表 2），为外地人口以低房租成本和生活成本在城市谋生提供了方便，也解决了城市对不同层次产业工人、服务业者的需要。但是，城乡结合部的自我无序蔓延，也带来大量社会问题，滋生越来越严重的"城市病"。一是人口资源环境矛盾加剧。北京城乡结合部的大多数村庄都存在严重的人口倒挂，本地人口与外地人口之比为 1∶1.2。流动人口万人以上的街道、乡镇共有 70 个，流动人口数量超过户籍人口的社区（村）有 667 个。二是城市"法外空间"增加。大多数土地被征收后的原住农民，利用"剩余土地"——集体经营性用地、公益性用地和农民宅基地——盖房出租或将土地非法转让或转租给外地人或企业使用，形成独立于政府土地和住房市场之外的法外集体土地和房屋租赁"灰市场"。北京市的城乡结合部地区涉及 77 个街道乡镇、1673 个村（社区），保留的农民集体自用土地有 300 多万亩。三是城中村的人口、环境治理和治安维护等公共服务没有纳入城市公共服务体系，只能由村集体组织自行提供，处于超负荷运转，治安问题严重。

表2　　　　　　　　　　　主要城市城中村基本情况

城市	城中村个数	城中村面积（平方公里）	城中村内原住民人口（万人）	全市流动人口数（万人）
北京	346	190		704
广州	138	266.48		500多
深圳	320	390	595	1200
天津	66	8	21	380
武汉	162	213.82	35.66	142
昆明	382	40	60多	198

　　备注：天津和昆明根据所查到出处，明确为拆迁房屋面积。原来天津拆迁房屋800多万平方米，昆明为4000多万平方米，因而折合为平方公里之后面积较小。

（三）集体建设用地合法市场通道基本关闭，农村发展空间压缩

　　改革开放初期，在农民建房潮和乡镇企业快速发展的双重作用下，农村成为使用建设用地的大头。1981~1885年，农村宅基地和社队企业建设用地的增长连续五年超过国家建设，成为占用耕地的大头。起初，农民需要宅基地只需向生产队长或党支部书记提出要求，经同意就可无偿取得一块宅基地。生产队办企业只需调整一下社员承包地即可兴办。公社、大队办企业只需调整一下生产队的土地，或仅吸收生产队若干劳力、支付少量青苗等地上物补偿费，即可取得生产队的土地。1981年国务院发出《关于制止农村建房侵占耕地的紧急通知》，1982年制定和发布《村镇建房用地管理条例》。《条例》并未遏制这种局面。1987年，针对农村耕地被大量占用的严峻形势，国家出台《土地管理法》，对集体建设用地进行规范。尽管如此，乡镇企业用地和农民建房用地这两个通道一直还

开着。因此，这一时期的集体建设用地仍占建设用地总量的半壁河山。

1998 年新《土地管理法》的颁布并付诸实施，是我国集体建设用地市场变化的转折点。该法规定，农地转为建设用地，必须实行征地；建设需要用地，必须使用国有土地。农村集体建设用地只是以"农民集体兴办企业或者与其他单位、个人以土地使用权入股、联营等形式共同举办企业用地以及集体兴办公共设施和公益事业建设用地除外"形式留下一个口子，但事实上，农地合法进入集体建设用地市场的通道已越来越窄。由此造成的结果是，集体建设用地量大大缩减，非法用地蔓延。从此，集体建设用地利用陷入制度困境。

一是农村集体建设用地利用大量处于法外状态。据第二次土地调查结果，南海区建设用地面积 79.75 万亩，其中农村集体建设用地面积 56.55 万亩，占全区建设用地总量的 70.91%；宅基地面积超过 17 万亩，接近建设用地总面积的 22%。深圳市现有建设用地面积 917.77 平方公里，原农村集体经济组织共占用约 390 平方公里，其中仅有 95 平方公里为合法用地。广州市"旧城镇、旧村庄、旧厂房"用地 494.1 平方公里，其中 356.7 平方公里属于集体建设用地，占"三旧用地"总量的 72.2%。

在建设用地指标管制下，集体建设用地量大大缩减，在许多县市，能分配到的建设用地指标就只有 300 亩～500 亩左右。农民集体为了增加农民收入和发展集体经济，不得不冒着风险自发将集体土地用于非农建设，许多集体建设用地处于法外状态。

二是缺乏抵押融资功能，极大限制了集体建设用地的产出水平和农民财产性收入。现行的《土地管理法》不允许集体建设用地抵押、融资，限制了集体土地的资本化能力，因为所有投资项目都必须由自有资金支付，没有金融杠杆作用，大幅提高了集体土地上产业进入的门槛。另外，缺乏抵押融资功能的集体建设用地，市场估值会大大降低，利用效率难以真正提升。

三是没有纳入到城乡规划，抑制了集体建设用地的总体经济效益。现行的土地和城市规划相关法律规定，只有先通过征地，把集体土地变成国有土地，才能将村庄纳入城镇规划中，各项市政基础设施才能延伸到村庄。由此导致在集体建设用地上搞产业、造房子，没有正式的规划编制，普遍存在"村民私搭乱建住房"等现象，集体建设用地的"碎片化"利用，大大降低了集体建设用地利用的规模效应。另一方面，村庄自主设计的各类规划，又不被政府承认，结果是市政基础设施的建设成本主要由村集体来支付，加大了村集体组织的财政压力。

四是集体建设用地粗放式利用，产业结构难以升级。尽管集体建设用地使用权流转早已开始，但在产权登记、分割转让、税费缴纳等方面，都没有做出具体规定。为规避法律和政策风险，集体组织只得进行变通，私下出租集体建设用地，或者盖厂房出租，造成建设用地的低效利用，只是从事低端的产业，布局分散，难以形成有规模、上档次的产业园区或产业带。集体建设用地的这种粗放式利用模式一方面经济效益低，另一方面产业结构难以升级。

五是集体组织治理结构改革滞后，阻碍了集体建设用地的高效配置。集体经济产权具有天然的模糊性，即使是在农村集体土地、厂房等资产转为股权后，"资产变资本、农民变股农"，但农村集体组织内部的矛盾仍然十分突出，这一现象在经济发达地区表现得尤其明显。以广东省南海区为例，现有股东为维护既得利益，反对"出嫁女"、退伍军人等10多种有争议群体参与股权分配，引发村内群体利益对立。2009～2011年间，80%以上涉农信访都与集体经济收益分配有关。从长远看，"只分红、不分债"的集体经济组织治理结构，不利于集体建设用地上的产业调整和升级，也从根本上制约了土地利用效率的提升。

（四）宅基地法律规定滞后于现实，既不利于农民实现宅基地财产权，也不利于土地管理

农村宅基地是中国农村土地权利体系中非常独特的一个类别，也是城乡一体化进程中最为关键的制度安排之一。我国的宅基地制度经历了土地改革和农业合作社时期的宅基地私有和集体化时期的宅基地集体所有、由农民使用与房屋私有之后，改革开放以来对宅基地权利体系进行了系统构建，呈现为如下特征。

第一，集体拥有宅基地所有权。与承包地的权利关系相比，集体对宅基地的所有权特征则要强得多，主要表现为，农户宅基地使用权的获得，必须经过村委会；当农户不再使用宅基地时，集体可以将其收回；宅基地在整理或指标交易时，主体也是村委会，因此，在宅基地的所有与使用关系上，集体组织绝不是一个仅仅具有法律意义的一级，而是拥有实实在在的支配和控制权力。

第二，农户拥有宅基地使用权。相比之下，农民对宅基地的使用权事实上是被隐在集体所有权之下的权利，这个权利只要农民不变更房屋所有权，其存在都往往被忽视，农民自己也不在意。从权

利的实际效力来看，尽管物权法将宅基地列为用益物权，中央政策文件一再强调保障农民宅基地用益物权，但是按照《物权法》对用益物权的赋权是"占有权、使用权和收益权"，而对作为用益物权的宅基地只在法律上予以"占有权和使用权"的赋权，少了"收益权"一项，这样，宅基地的财产属性就大打折扣，基本上就只有居住功能了。

第三，农户拥有住房所有权。从共产党执政以来，在农民住房财产权问题上从来没有出现波折，即一直坚持农村房屋由农民所有，而且农民对房屋的买卖、出租、抵押、典权、转让等权利予以充分保障，且也不断阻止政府或集体组织对农民房屋财产权的侵犯。因此，在农村，农民也形成根深蒂固的理念，即房屋是他家的，无论发生什么折腾，农民都不担心其房屋会被冲掉或拔掉。

第四，宅基地的成员身份性和无偿性。从合作化以来，宅基地一直采取按集体经济组织成分身份取得。也就是说，只有集体经济组织成分，才有资格申请和得到宅基地，非集体经济组织成员无法获得宅基地。由于宅基地只赋予了占有权和使用权，非集体经济组织成员也就无法通过宅基地的交易和转让获得宅基地。由于实行一户一宅，农民将房屋转让以后，就不能再申请和获得宅基地，这就将农民将宅基地使用权转给非经济组织成员的路给堵死了。同时，只要是集体组织成员，就可以无偿取得宅基地，也就是说，目前的宅基地制度下，宅基地不是商品，更不是资本。

但是，现行宅基地制度在运行中遇到巨大挑战。

第一，宅基地大量入市。尽管在法律上没有赋予宅基地出租、转让和交易权利，但事实上，农民宅基地进入市场已呈普遍化趋势。具体表现为，在广大沿海地区，农民将宅基地盖成多层住宅，用于出租，满足快速工业化下大量外地农民工的居住问题；在大中小城市（镇）的城乡结合部地区，政府在征用农民耕地后，将宅基地留下来，农民利用宅基地盖房出租，解决了快速城镇化进程中进城流动人口的居住问题；在广大农区，一些举家进城的农户在城镇有稳定的工作和居所后，将宅基地私下出让或租赁给需要宅基地盖房的农户。宅基地在不同类型地区大量入市的现状，不仅解决了工业化城镇化进程中原住民的财产收入增长问题，也解决了进城人口的居住问题，也降低了城镇化的成本，但是，这种自发入市与现行法律直接冲突。

第二，宅基地的无偿取得和一户一宅难以实施。无偿取得宅基地，被认为是政府给农民的福利，体现了制度自信。但是，在沿海地区和广大城乡结合部地区，随着城镇化进程中土地级差收益的大幅提高，城镇建设用地也越来越紧张，无偿分配宅基地与土地资本化背道而驰，这些地区在 20 世纪 90 年代中后期以后，就不再无偿分配宅基地了。二是一户一宅在城市化地区也很难管理。随着宅基地在这些地区的价值显化，农民充分利用现有宅基地，纷纷加盖房屋，有的突破了原来分配的宅基地面积，有的突破了各省市规定的宅基地上盖的住房面积。三是在传统农区，宅基地无偿分配不利用保护耕地。在传统农区仍然实行宅基地无偿分配，但是，近些年农民出外打工收入提高，他们纷纷回村盖更大的房，原有宅基地不够，就占用承包地，导致耕地在农区尤其是平原农区的大量流失。

第三，宅基地的无序扩张不利于城市健康发展。由于宅基地使用现状与法律严重冲突，政府对宅基地使用的管理基本处于缺位状态，规划和用途管制无法实施。在政府管制缺位下，农民宅基地的扩张和盖房更是处于无序，甚至有蔓延之势。造成城中村的私搭乱建、毫无规划、基础设施和公共服务部组、治理无组织，治安问题严重，与城市形成完全的两张皮，加大城市管理成本和未来更新的难度。

（五）农民土地权利受损，由土地问题引发的社会不稳定增加

在经济发展进程中，市场经济国家和地区不仅征地量会不断下降，而且征地补偿也不断朝向市场化和财产性补偿的方向。在我国，征地一直坚持原用途补偿原则，只是为了应对农民诉求提高的趋势，在不同时期的土地补偿中，采取农业产值基础上的倍数补偿和不断提高补偿标准的办法。1953 年《国家建设征用土地办法》对土地的补偿是以最近二至四年的定产量总值为标准；1987 版《土地管理法》是以耕地年产值为基础，征用耕地的补偿费为该耕地被征用前三年平均年产值的三至六倍。到 1998 版《土地管理法》时，征地补偿安置仍然坚持原用途补偿，但提高了补偿标准，即征用耕地的土地补偿费，为该耕地被征用前三年平均年产值的六至十倍。

由于土地财产补偿一直没有启动，在土地征用中不得不将安置和就业作为补救手段。1953 年征地办法是将安置前置，即不安置不得征地；1987 版《土地管理法》是按产值倍数对农业人口进行货币安置，每一个需要安置的农业人口的安置补助费标准，为该耕地

被征用前三年平均每亩年产值的二至三倍。1998 版《土地管理法》提高了安置标准，每一个需要安置的农业人口的安置补助费，为该耕地被征用前三年平均年产值的四至六倍。显然，这种按耕地产值倍数进行的劳动力安置，是无法保障失地农民的长远生计的。

除了安置补救以外，还在征地中采取了就业和转身份安置的补救办法。计划经济时期，对因征地而失地的农民，由国家予以安置。一是"农转非"，农业户籍转为城市户籍；二是把农业劳动力安排到城市企事业单位就业，成为职工。在当时二元体制下，这种转变使农民身份发生根本性变化，他及其子女能够享受城里人的一切就业和福利，征地引起的社会矛盾并不普遍、尖锐，多数农民还欢迎甚至盼望国家征地，把征地当作改变自身命运的机遇。进入 20 世纪 90 年代以后，我国逐步建立起社会主义市场经济体制，国营企事业单位逐步改制，非公经济的发展占经济半壁河山，采取就业安置对失地农民已失去保障意义，对因征地而失地的农民，国家不再安置，改为提高安置补偿费标准，且一律实行货币补偿，安置补助费也是按农业年产值的倍数来估算。但事实上，农民一旦完全失地就不可能务农，而在农业之外就业，会有一个或长或短的过程，期间的生活成本会大大提高，靠农业劳动力的补偿费用，难以维持其正常生活，被征地农民的生活水平事实上降低了，因征地而引起的社会矛盾逐渐突出了。在征地引发的社会矛盾越来越激烈的情况下，一些地方进行探索，实行对失地农民最低生活保障办法，国土部与人社部联合发文要求地方建立对被征地农民的社会保障制度，但是，目前已经建立这一制度的地方很低。即便如此，这一制度也因保障水平低，难以和农民失去的土地发展权相匹配。

随着工业化、城镇化进程，农民对土地权利的意识更强，对现行征地补偿制度的不公平性更加不满。2011年征收并转为城市建设用地的耕地面积达到了将近5700平方公里，接近于2004年的3倍，增速惊人。如此大面积的、过速的征地已经导致近十年间数千万农民在城镇化进程中失去赖以为生的土地。过低的征地补偿和不完备的农村社会保障体系使得失地农民生计水平下降、遑论提高消费能力了。失地与失去生活来源，再加上征地过程缺乏透明度、对失地农民与村集体的补偿不足、征地补偿所得与政府出让土地所得之间巨大的差距，这一切导致社会不安定因素增加和日益强烈的不公平感。

对农村土地的征收行为和征地的规模都导致了农村居民与地方政府之间的矛盾加剧，围绕土地的纠纷也越来越多。由于农地征收过程中的驱离行为、强拆行为、违反程序行为以及对协商和申诉的不重视，地方政府的公共形象越来越变得负面化。随着农民的利益意识和法律意识越来越强，有关土地的法律纠纷也越来越多。

与土地有关的纠纷已经威胁到了中国农村地区的社会稳定。全国每年有大约400万农民、也就是110万农村家庭的土地被征收。根据中国社会科学院发布的《社会发展蓝皮书2013》提供的数据，最近几年里总共发生了超过10万起群体性事件（也就是有超过100人参与的事件）。国家信访局的数据表明，每年有60%的群众抗议事件与土地有关。

考虑到根据农业价值对农民所做的征地补偿与土地变性后主要

由政府获得的土地增值溢价之间的巨大差距，对农民的征地补偿标准明显过低，也因此成为与土地有关的纠纷中最主要的纠纷内容。空间城镇化的过程中，如果城镇化主要依靠把农地转变为市地，而同时又缺乏对财产权的保护、缺乏各方普遍能接受的利益分享机制、缺乏过程参与权、缺乏程序保护，那么这种模式的城镇化必然会导致社会不满日增。我们对 2003～2011 年媒体披露的土地案件汇总研究发现，与征地有关的群体性事件遍及经济发达地区和欠发达地区的 137 个区县。大多数群体性事件所涉及的被征土地都被用于商业目的，大约 60% 的相关征地是为了商品房建设、工业园区建设或者是商业地产项目。农民的抗议主要是围绕补偿不公平以及不能参与对城镇化利益的分享。冲突的第二个来源是大规模的基础设施建设项目征地。大约 40% 的群体性事件及抗议与公路、铁路、机场、绿地和其他基础设施项目有关。虽然这些项目都事关公共利益，但是农民依然因为补偿过低、土地出让净收益分配不透明等原因而提起申诉或者组织抗议。多数农民的抗议指向政府在征地过程中的不当行为。有超过一半的抗议事件涉及补偿标准低于法律规定标准，42% 的事件涉及未获合法批准的征地行为。此外，补偿分配的不公平、征地对象选择不透明、征地用途不明确、政府在征地过程中的处置不当等因素也导致了大量冲突。

（六）土地增值收益城乡分配不合理程度加剧

伴随城镇化进程，土地价值日益显化，土地增值收益迅速攀升，围绕土地利益的争夺不断加剧。当前我国土地利益分配问题波及的范围有所扩大，程度有所加深，问题越来越尖锐。首先是被征地农民与地方政府之间的利益矛盾。在现行土地利益分配格局下，被征地农民虽然获得了土地的补偿和安置款项，近年来国家又建立了被征地农民社会保障制度，但总体看，被征地农民并没有分享城市化的成果，加上少数地方基层干部在征地过程中违反程序，克扣征地款项等行为，使得大多数农民与土地增值收益无缘。其次是土地级差收益存在的归属和公平分配问题。按照法律规定，国有土地属全民所有，国务院是土地所有者的代表，但事实上，土地出让收入主要归地方政府，无论是所有者代表还是"全民"如何分享土地级差收益，还没有找到实现形式。三是农民和农民之间的土地利益补偿也存在不公。城市政府对城乡结合部农民的高补偿已引起城市市民的议论，而农区农民的土地补偿不足额、不到位、被克扣的现象比较普遍，特别是国家级重点工程的补偿标准过低更引起农民不满。四是城市和农村在增值收益分配上极其不合理。土地增值收益的产生有区位的因素，但是，由于城乡分治的二元土地制度，我国的土地增值收益主要由城市获得和使用，农村在土地被征收时不按土地价值补偿，土地非农用后的增值与他们无份。

在政府垄断土地一级市场下，土地增值收益提高主要表现为政府土地出让收入的增长。随着我国经济进入新一轮快速增长期，土地出让收入也快速上升。2000～2013年间，国有土地使用权出让收入从596亿元增长到4.2万亿元（年均增长38.7%），占地方财政收入的比重也相应地从9.3%提高到60.9%。但是，土地出让收入在城乡之间分配不平衡，用于城市的部分仍占主要份额。目前用于城市的部分主要有城市建设、国有土地收益基金和保障性安居工程。2008～2010年，城市建设支出占土地出让收益的比例分别为

66.27%、48.64%和61.65%，平均是58.76%；国有土地收益基金占土地出让收益的比例分别为6.77%、6.41%和8.25%，平均为7.43%；保障性安居工程支出占土地出让收益的比例分别为3.19%、2.72%和3.80%，平均为3.37%。三项合计分别为76.23%、57.78%和73.70%，三年平均为69.56%。土地出让收益用于农村、农业的部分偏低。从支出项目看，用于农业、农村的部分主要为农业土地开发资金、农村基础设施建设资金。2008～2010年，农业土地开发资金占土地出让收益的比例分别为2.76%、2.08%和1.55%，平均为1.94%；农村基础设施建设占土地出让收益的比例分别为7.41%、6.31%和8.36%，平均为7.58%；土地出让收益用于农村的部分合计分别为10.18%、8.39%和9.91%，三年平均为9.52%。对农民的土地补偿在土地出让收入中的份额不升反降。2008～2010年，尽管各地的征地补偿标准普遍提高了30%以上，但其在土地出让收入中所占比重不仅没有上升，反而大幅降低了。据对辽宁、浙江、河南等三省的征地补偿费和土地出让收入统计，2007年，三省的征地补偿费占土地出让收入的比重分别为16.82%、8.62%、19.58%，2010年变为10.37%、2.91%、12.99%，下降了1/3以上。土地出让收入的增加意味着更多的土地收益被地方政府占有和支配，地方政府热衷于多征多用，低进高出，"以地生财"，导致土地被过度征收、低效利用，不利于耕地保护和土地的节约集约利用，也严重损害了农民土地财产权益。

三、改革二元土地制度的建议

（一）改革权利不平等的二元土地所有制结构

一是建立两种所有制土地权利平等的制度。改变同一块土地因所有制不同、权利设置不同的格局，赋予集体所有土地与国有土地同等的占有、使用、收益和处分权，对两种所有制土地所享有的权利予以平等保护，实现宪法和相关法律保障下的同地、同权。二是以用途管制为唯一的准入制度。在用途管制下，农民集体土地与其他主体土地依法享有平等进入非农使用的权利和平等分享土地非农增值收益的权利。明确规划的主要作用是落实空间和功能布局，改变地方政府通过规划修编将农民集体所有土地变为国有、政府经营的格局。三是打破目前因城市和农村的边界区割，对圈内圈外土地按不同所有制准入的政策。除圈外可以用于非公益的非农建设外，圈内农民集体所有土地在符合用途管制前提下，也可不改变所有制性质进行非农建设。四是明确限定城市土地国有为建成区存量土地属于国有，新增建设用地用于非农经济建设的，除为了公共利益目的征用外，可以保留集体所有。对于建成区内的现状集体所有土地，可以采取"保权分利"或"转权保利"方式，保障农民的土地财产权益。

（二）建立城乡统一的建设用地市场

十八届三中全会《决定》提出，在符合规划和用途管制前提下，允许农村集体经营性建设用地出让、租赁、入股，实行与国有土地同等入市、同权同价。

一是界定允许集体建设用地进入市场的范围为集体经营性建设用地。我国现行法律规定的集体建设用地包括三类：农民集体兴办企业或者与其他单位、个人以土地使用权入股、联营等形式共同举办企业用地；集体公共设施和公益事业建设用地；农民宅基地。按照既有法律规定，第一类显然属于《决定》所指的"集体经营性建设用地"；第二类显然不属于"集体经营性建设用地"；第三类宅基地的权力特征我们在前面已经讨论过，按照现行法律规定，目前对宅基地的赋权主要是居住权，不属于《决定》所指的"集体经营性建设用地"。

二是首次将同地同权理念写进党的最高文件。我国土地制度的最大弊端是集体土地与国有土地同地不同权。《决定》明确允许农村集体经营性建设用地与国有土地一样平等进入市场，我们认为，应包含以下几层含义：①同地同权。即集体经营性建设用地可以和国有建设用地一样出让、租赁、入股，打破了集体建设用地不得出租的坚冰；②同等入市。即集体经营性建设用地与国有建设用地在同一个平台上合法入市交易，改变目前国有建设用地独家在平台上交易，集体建设用地在灰市上非规范交易的格局；③供求决定价格。集体经营性建设用地进入市场，将改变目前由政府独家出让决定供应、导致价格扭曲的局面，多个集体经济组织以集体经营性建设用地主体入市，真正形成由供求决定价格的机制，促进土地市场健康发展。

三是必须符合规划和用途管制。农民集体只有在符合规划和用途管制前提下，才能利用集体经营性建设用地从事非农经济活动。由此，《决定》在集体经营性建设用地入市上是有严格限定的。第一个限定是，并非集体土地与国有土地一样同权同价入市，只是开了集体经营性用地的一个口子；第二个限定是，即便是集体经营性用地，也必须服从规划和用途管制。

必须正视的是，在集体经营性建设用地入市上，将遇到巨大挑战。主要是，现实中集体建设用地已大量入市，且大大超过了现行法律对集体经营性用地的界定。一是目前珠三角、长三角、环渤海等沿海地区已有非常大比例的存量集体建设用地发展工业和产业，这里既有目前法律规定的集体经营性用地，也有集体公益性和公共事业用地，也有大量的农民宅基地。二是目前进入市场的集体建设用地都处于灰色状态，村组织租赁给企业的集体建设用地，大多是双方私下签订的土地租赁合同，一旦发生纠纷，法院按无效合同处理，导致两败俱伤。三是城乡结合部地区，在城镇规划区内，存在大量的从事经营的集体建设用地，与城市土地属于国有的法律相悖。如何贯彻《决定》精神，以改革的勇气，按照问题导向，解决存量的、处于经营性状态的集体建设用地，是下一步实施中要解决的紧迫问题。

（三）切实推进征地制度改革

集体建设用地要入市，就必须下决心解决征地问题。十六大以来，党和政府为推进征地制度改革付出了艰辛努力，遇到的阻力重重，其中最主要的是这套制度支撑的传统发展方式难以改变，对其依赖性过大。但是，由于这套制度在运行中社会矛盾越来越大，征地拆迁成本也越来越高，已经到了非改不可的时候了。十八届三中全会《决定》提出，缩小征地范围，规范征地程序，完善对被征地农民合理、规范、多元保障机制。我们认为，应推进以下具体改革。

一是缩小征地范围。按照宪法原则，只有公益性用途，才得征地。但是，由于公益性用途难以界定，导致公益性用地目录出不来。我们建议，与其议而不决，不如跟其他改革列负面清单一样，制定征地的否定性目录，即只要是盈利性的用途，就不得征地。

二是规范征地程序。这一条早就提出来了，但执行不好，主要是双方在现行制度下关于补偿价格和安置方式根本就谈不拢，最后，往往是采取非正规的方式解决，既不透明，也不公平。我们建议，下一步在征地范围及保障机制建立之后，征地程序中加一道事前程序，让用地一方和农民集体先进行协商，谈不成再启动征地程序。

三是建立合理、规范、多元的保障机制。这套机制的建立，是征地制度改革的核心，应在政策和法律上尽快就其内涵予以明确。我们的建议如下，所谓合理，是就补偿价格而言的，就是在坚持用途管制原则下，按照区位条件，对被征地实行市场化补偿；所谓规范，是就征地行为而言的，在有了明确的征地范围、补偿价格和程序后，必须实行征地的，那就得按法律来，不能像现在这样，很多征地采取"人民内部矛盾，人民币解决"，把一些地段和区域的征地补偿抬得很高，让老实人吃亏；所谓多元，是指按多元化方式安置，不能仅仅按货币安置，把被征地农民"一脚踢"，要切实解决失地农民长久生计没有保障，这里的实质性制度安排是，保障被征地农民部分土地发展权，即在征收农民土地时，给被征地农民保留一部分土地，纳入城市规划，在不改变集体所有性质下，参与非农建设，这是解决被征地农民长远生计的根本办法。

（四）改革和完善宅基地制度

十八届三中全会《决定》提出，保障农户宅基地用益物权，改革完善农村宅基地制度，选择若干试点，慎重稳妥推进农民住房财产权抵押、担保、转让，探索农民增加财产性收入渠道，为下一阶段宅基地制度改革标明了原则和范围。我们认为：

一是保障农户宅基地用益物权。保障农户宅基地占有权和使用权，是宅基地制度改革的底线。宅基地所有权属于集体，使用权属于宅子的主人农户。但是，在现实中，集体组织往往对宅基地所有权有更实际、更大的支配权，且在法律和政策上对农户宅基地所有权的强调也明显强于对农户宅基地使用权的强调，容易导致宅基地所有权侵犯使用权。建议在法律修改中，应该按照宅基地用益物权的原则，今已不明确和强化农户宅基地使用权。在此基础上，按照一般用益物权原则，完善宅基地用益物权，在现有宅基地占有权和使用权基础上，赋予宅基地使用权人收益权、转让权。

二是改革完善农村宅基地制度。目前农村宅基地制度在农村人口与村庄分离的背景下，存在制度不适应性。主要表现为，宅基地无偿取得不利于土地集约利用和耕地保护；宅基地的成员身份性与许多村社边界打开和人员混居不适应；宅基地的居住特性与财产权实现冲突。建议在贯彻三中全会精神中，选择不同类型地区进行宅基地制度改革试点，重点探索宅基地有偿获得与使用、宅基地交易与流转、打破宅基地成员和村社边界，基本取向是逐步实现以财产权赋权交换福利分配权，实现农民对宅基地完整用益物权，促进土地有效利用。

三是选择若干试点，慎重稳妥推进农民住房财产权抵押、担保、转让。从措辞和对象选择来看，《决定》是将抵押、担保和转让权利赋予了农民住房，而不是宅基地，在现行制度和法律制约下，有其合理性。我们前面分析过，现行宅基地制度是宅基地所有权属于集体、使用权属于农户、农房所有权属于农户的三权组合的体系，在宅基地所有权和使用权赋权强度不一的状况下，如果赋予宅基地抵押、担保和转让权，在实施中就很有可能使集体组织成为抵押、担保和转让的主体，反而会侵犯农户宅基地使用权。相比之下，农民住房是农民私权，一直受到法律保护，明确赋予农民住房抵押、担保和转让权，有利于更稳妥地实现农民财产收益。当然，这几项权利的实施也只能先在若干试点地区推行。待条件成熟后，再行宅基地抵押、担保和转让。

（五）建立公平共享的土地增值收益分配制度

土地增值收益分配问题，关乎社会公平、城市可持续发展和发展方式转变，必须放在土地制度改革重中之重的地位。

十八届三中全会《决定》提出，建立兼顾国家、集体、个人的土地增值收益分配机制，合理提高个人收益。这是增加农民财产收益的非常重要的内容。改革方向是，改变目前土地增值收益的分配第一道被政府出让时获得、未来增值部分谁占谁得、农民在土地增值收益的分配中无份的状况，提高农民在土地增值收益中的分配份额。同时，《决定》在措辞中也非常智慧，就土地增值收益在国家、集体和个人利益分配上用的是"兼顾"，在提高个人收益时用了"合理"一词，主要是因为土地增值收益产生非常复杂，既不能由政府全得，更不能由谁占谁得，当然也不可能全归土地所有者。我们认为，土地利益的合理、公平分配应遵从增值收益产生原理。从现实看，土地增值收益是由多个因素产生的，既有规划与用途管制，也有基础设施投资，有城市化过程中产业人口集聚，当然也包含土地所有权益。土地增值收益的公平分配应该综合考虑这几个主要因素，在此基础上，形成公平合理分配比例。必须根据土地增值收益的产生原理，借鉴国际经验，制定土地增值收益的合理分配原则，根本改革目前土地增值收益归政府的状况，建立土地增值收益归社会的机制，保障原土地所有者获得公平补偿和土地级差地租，保障城市基础设施建设所需的土地和资金，保障土地增值收益回馈社会，让公民分享。二是区分"涨价归公"与"涨价归政府"，防止"归公"的土地增值变成地方政府，乃至部分地方政府官员的体制外收入，保证"涨价归公"的土地增值回馈社会。

（六）推进城乡结合部地区的土地制度创新

城市边缘地带及城中村的非正式发展已遍及我国各类城市。这些地区的土地问题已成为影响社会稳定和收入分配的源头之一，对包容性和高效城市化带来巨大挑战。城市政府和房地产开发商都已发现了再开发城中村地区的潜在经济机会。但是，对于城市政府和开发商来讲，城中村的再开发以及将其整合到城市发展空间均遇到了不小的困难。同时，非正式的发展、发展不足的公共服务、在城市边缘地带集体建设用地的法律空白以及对于城市征服来讲日益提高的补偿安置成本给资金平衡带来巨大挑战。要解决这些问题，亟待通过改革，尤其是土地制度的创新来解决。

将城中村纳入城市总体规划。以实行城市总体规划与土地利用规划融合以及建立城乡统一的建设用地市场为基础，将城中村整合到正式的城市发展进程，可以增加城市发展所需的土地供应。这一整合不仅能为进入城市的低收入者提供住房可得性的机会，而且能增进城中村的集体经济组织和原住民的土地产权的强度，通过率先在这一地区实行集体建设用地进入市场，可以让这一区域的被征地农民从城市化中获取经济利益，也可以减少政府与农民之间的冲突。正如上面已讨论过的，要实现这一目标，相关法律的修改应该尽快进入议程。一旦允许这些区域的集体建设用地进入市场，宪法规定的城市土地属于国有的原则就需要进行修改。土地管理法中关于"任何单位从事建设，都必须使用国有土地"以及农地变为建设用地就得实行征地的规定也必须进行修改，这些存量集体建设用地就不一定都得通过征地进入土地市场了，同时该法律中规定的"集体土地不得出租用于非农建设"的规定也得进行修改。

允许城乡结合部地区的存量集体建设用地进入市场后，未来城镇化进程中的住房提供模式也将随之发生变化。城市政府可以通过更加适宜的分区规划，不一定沿用目前成片土地提供给开发商的模式，农民集体可以组成股份合作社或提供土地给其他组织从事开发，这样一方面可以解决低收入住房的建设问题，另一方面城市政府也可以避免原有征地模式下必须支付的安置和相关成本。更进一步地，对集体存量建设用地上符合规划的住房财产权的承认和合法保护，迁移到城市的移民更体面地融入城市，改变目前完全由非正式住房市场提供带来的混乱和不稳定性。

可以考虑出台区段征收法，为城市更新和城中村改造提供法律依据。中国一些城市经历一段快速的扩张以后，继续依靠新增用地和征收农民土地的方式已越来越困难。相比而言，对存量土地的开发潜力巨大，且这些土地位于城市比较好的区位，其商业价值越来越大。在存量用地开发中，通过与每一片土地所有者逐一谈判来完成城市组团发展所需的地块拼集，并不是一个很实际的办法，而且也会影响到城市更新的速度。对于这个难题的处理，政府可以考虑效仿中国台湾地区的经验和方法。台湾地区的做法是，在符合城市总体规划前提下，允许原土地所有者与开发商直接进行谈判，协商土地价格，但是，由于城市更新需要对土地用途进行重新调整，政府会要求原所有者拿出一定比例的土地用于城市基础设施和市政用地。同时，城市更新也需要一定量的公共投资，这笔费用也得由原土地所有者拿出一定量的土地上市交易来解决。这样，区段征收实质上成为政府和所有者为提高城市品质、增加土地价值进行的一种"合作开发"模式。

我国台湾地区的模式，对于城中村改造中平衡资金有其有价值，也是一种平衡城郊地区村集体和村民土地财产收益与政府基础设施项目融资与建设之间关系的适宜办法。如果要求得两者之间的平衡，就得允许已经保留集体土地的村集体和农民从城市土地开发中获得收入。

如果接下来的改革允许农民保留部分被征土地作为安置留用地用于从事非农活动，集体所有制的法律性质以及对这类土地的使用权就必须予以确定。考虑到今后大量不同规模的城市都将进入存量用地阶段，城市更新与改造必然提上议事日程，也会成为提升城市质量和促进产业升级的主要空间，建议出台城市更新与区段征收法，对于城市范围内存量用地的进入市场规则、规划调整、融资、开发主体、农民权益保护与税收分享等做出法律规定，以保证这一进程的有序和合法进行。

考虑对允许进入市场的集体建设用地率先征收财产税。对于进入城市土地市场的集体建设用地可以率先征收资本利得税，以允许地方政府捕获这类土地的价值增值，对这些进入城市土地市场并作商业使用的集体建设用地按年增收财产税。将财产税引入新进入的集体建设用地时，也将是逐步的，其进度取决于税收征管体系相关要素的发展，包括土地登记、估价和确权等。

执笔：刘守英

专题报告二
"刘易斯区间" 提高农业劳动力资源配置效率的制度设计

  随着存量农业剩余劳动力的持续转移以及农村新增劳动力的下降，我国总体上已迈过"刘易斯第一转折点"，进入了"刘易斯转折区间"。但由于我国农村人口规模巨大，城乡之间、非农产业和农业之间的劳动生产率差距明显，农业劳动力转移就业的任务仍然很艰巨。在整个"刘易斯转折区间"，继续转移农业剩余劳动力仍是必须坚持的基本政策取向。这既是提高农业劳动生产率、增加农民收入的必然要求，也是进一步释放人口红利、缓解劳动力成本上升压力的重要举措。我国进入"刘易斯转折区间"后持续转移农业剩余劳动力，既面临着与先行国家的共同问题，如必须推进农业技术进步以弥补农业劳动力减少带来的影响，又面临特殊体制造成的特殊困难，如户籍制度导致农业转移人口难以市民化，集体产权制度导致农业转移人口难以脱离农村。解决好这些问题，需要有周详的制度设计。

一、刘易斯拐点与刘易斯区间的内涵

"刘易斯转折理论"是发展经济学的一个重要理论，对于判定二元经济发展阶段和劳动力转移形势有重要意义。

（一）刘易斯拐点的提出

1954 年发展经济学家阿瑟·刘易斯（W. Arthur Lewis）发表了题为《劳动无限供给条件下的经济发展》的论文。在这篇论文中，刘易斯提出了自己的二元经济发展模式。该模式假设，在一国经济中存在着代表先进生产力的现代工业部门和代表落后生产力的农业部门；在大多数发展中国家，农业劳动的边际生产率极低，因而在一个固定的工资水平上，工业部门面临的农业剩余劳动力的供给曲线是水平的，即无限供给的劳动力。从这两个假设出发，刘易斯描绘了发展中国家工业化和农业剩余劳动力转移的图景：农业剩余劳动力在固定不变的工资率下向工业部门转移，工业部门的资本积累增加，工业部门的边际生产率曲线向外移动，更多的农业剩余劳动力转向了工业部门，这个过程不断地重复下去，直至农业中的剩余劳动力全部被工业部门所吸收。此时，如果工业部门继续扩大生产，其面临的农业劳动力供给曲线将由水平变得向右上倾斜，如果工业部门不增加工资，将不再可能从农业部门吸纳农业劳动力。农业剩余劳动力的供给曲线由水平变为倾斜的那一点，被称为刘易斯拐点。

（二） 费—拉模型对刘易斯拐点的修正

尽管刘易斯 1954 年的模型描绘了发展中国家工业化的可能途径并提供了农业剩余劳动力转移的全新思路，但这个模型的不足也是明显的，其中最为重要的有两点：一是大多数经济学家认为，所谓边际产出为零的农业剩余劳动力，从而对工业部门的劳动力形成无限供给的情况是不存在的；二是这个模型描绘的经济增长过程实质上是不可持续的，它忽视了农业部门的发展和技术进步对工业发展的作用。如果农业部门的收入长期维持在生存水平上，那么在封闭条件下农业部门将无力购买工业品，工业部门的资本积累也无法完成。这就是说，刘易斯 1954 年模型所描绘的农业劳动力供给曲线向右上倾斜的部分，进而所谓的刘易斯转折点是不可能存在的。

20 世纪 60 年代初，经济学家拉尼斯（Ranis Gustav）和费景汉（Fei . John C. H）提出了一个新的劳动力流动模型，即"费—拉模型"，以修正刘易斯模型的不足。费—拉模型认为，在给定土地面积和农业技术的条件下，随着农业劳动投入的增加，农业劳动的边际产出不断递减直至为零。由于此时再增加任何劳动投入，农业的总产出都不会增加，因此，他们把边际产出为零的劳动力称为"多余劳动力"。他们还认为，农业工资等于农业的人均产出，并称之为"不变制度工资"，即使是"多余劳动力"也应获得这一工资，因为低于这一工资水平，他们将无法维持生存。在这一假设的基础上，他们把边际生产率大于零但低于人均产出的农业劳动者称作"伪装失业者"。农业部门劳动力转移的第一阶段是将边际生产率为零的那部分劳动力先转移出来；第二阶段是将边际生产率大于零但小于平均收入的那一部分劳动力转移出来；第三阶段是对农业中边际生产率大于平均收入的劳动力进行转移。在第二阶段，由于转移出来的农业劳动力的边际生产率大于零，农业的总产出将下降，粮食供给将出现短缺，因而，第二阶段的起始点被他们称为"短缺点"。在第三阶段，由于农业中的剩余劳动力已全部被转出，工农两部门都将面临向右上倾斜的劳动供给曲线，两部门的工资均由市场决定，农业部门已经资本主义化了，因而第三阶段的起始点被他们称作"产业化点"。

（三）从刘易斯拐点到刘易斯区间

1972 年，刘易斯又发表了题为《对无限劳动力的反思》的论文。在这篇论文中，刘易斯提出了两个转折点的论述。当二元经济发展由第一阶段转变到第二阶段，劳动力由无限供给变为短缺，此时由于传统农业部门的压力，现代工业部门的工资开始上升，第一个转折点，即"刘易斯第一转折点"开始到来；在"刘易斯第一转折点"开始到来，二元经济发展到劳动力开始出现短缺的第二阶段后，随着农业的劳动生产率不断提高，农业剩余进一步增加，农业剩余劳动力得到进一步释放，现代工业部门的迅速发展足以超过人口的增长，该部门的工资最终将会上升。当传统农业部门与现代工业部门的边际劳动生产率相等时，也就是说传统农业部门与现代工业部门的工资水平大体相当时，意味着一个城乡一体化的劳动力市场已经形成，整个经济——包括劳动力的配置——完全商品化了，经济发展将结束二元经济的劳动力剩余状态，开始转化为新古典学派所说的一元经济状态，此时，第二个转折点，即"刘易斯第二转折点"开始到来。显然,"刘易斯第一转折点"与"刘易斯第二转折点"的内涵是不同的,都具有标志性的象征意义,前者的到来为后者的实现准备了必要的前提条件,但后者的意义是决定性的。对照"费景汉—拉尼斯模型"中的三阶段划分,该模型中从第一阶段转化到第二阶段的过渡点即为"刘易斯第一转折点",该模型中从第二阶段转化到第三阶段的过渡点即为"刘易斯第二转折点"。从"刘易斯第一转折点"到"刘易斯第二转折点"的进程被称为"刘易斯转折区间"。

从一些先行国家的经验来看,刘易斯转折阶段需要持续数十年的时间,但后发国家这个跨越时期有显著缩小的趋势(蔡昉,2008;荣世芳,2009)。美、英等国经历了六七十年的时间,而日本和韩国只用了不到二十年的时间。除了普通劳动力工资的持续快速上涨,日本、韩国在刘易斯转折阶段在城镇化率、农业就业比重等方面也出现一些共同的特征,如完成刘易斯转折时城镇化率都高于60%,农业就业比重都低于20%等。

二、对我国农业剩余劳动力转移阶段的判断

(一) 我国已经迈过了"刘易斯第一转折点"

自2004年开始,我国首先在珠三角地区出现"民工荒"现象。以后几年"民工荒"现象愈演愈烈。到2010年前后,不仅是东部地区,甚至中西部地区也开始出现招工难现象。与此同时,各地不断上调最低工资标准,农民工实际工资也有显著上升。总之,无论

是大规模的抽样、经验观察还是相关研究成果都表明，我国正在经历着劳动力从无限供给到出现短缺的转变，目前已经迈过了"刘易斯第一转折点"。

从国际比较来看，我国与日、韩迈过"刘易斯第一转折点"时的情况有较大差异。我国产业结构变动提前，而就业结构、城乡结构和城乡居民收入均衡程度都滞后。导致这种现象的主要原因，在于我国特殊的城乡二元体制。因此，判断我国刘易斯转折阶段的进程，既要借鉴参考国际经验，更要结合我国实际。

（二）我国迈过"刘易斯第二转折点"时间节点的理论分析

结合相关理论和国际经验，可以从以下三个方面来考虑。

1. 农业剩余劳动力转移程度

根据目前我国农业剩余劳动力供应特点，结合中长期经济增长对劳动力的需求，以及我国人口结构变化预测等因素，采用DRC－CGE 模型对新增劳动力转移进行供求模拟（国务院发展研究中心课题组，2011），结果显示"十二五"期间我国每年新增转移大约在 800 万~950 万人之间，2016~2020 年每年约为 600 万~750 万人，而 2021~2025 年间约 500 万~600 万人左右，2030 年前每年新增转移约 400 万人。这其中包括了通过上大学等途径实现的劳动力转移，农民工转移总量要少于总转移人数。根据模拟结果，"十二五"期间我国每年将新增农民工 500 万~600 万人，"十三五"期间为 350 万~450 万人，2020~2030 年间每

年新增 200 万～300 万人，到 2028 年前后农民工累计将达到 2.9
亿人（见图 1 和表 1）。

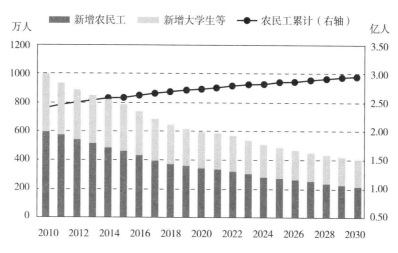

图 1　中长期我国新增劳动力转移模拟结果

表 1　　　　　　　　我国未来劳动力转移模拟结果

年份	新增转移（万人）	其中：农民工（万人）	农民工累计（亿人）	年份	新增转移（万人）	其中：农民工（万人）	农民工累计（亿人）
2011	938	575	2.46	2021	586	337	2.76
2012	890	539	2.49	2022	562	321	2.78
2013	852	512	2.53	2023	535	303	2.80
2014	820	485	2.56	2024	507	284	2.83
2015	790	466	2.59	2025	486	274	2.85
2016	737	431	2.62	2026	468	266	2.87
2017	688	399	2.65	2027	450	256	2.89
2018	646	373	2.68	2028	435	241	2.91
2019	618	357	2.71	2029	419	226	2.93
2020	596	345	2.73	2030	404	214	2.94
十二五	4289	2577		十四五	2676	1518	
十三五	3286	1905		十五五	2177	1204	

　　注：新增转移劳动力中农民工的比重，假设等于每年新参加工作劳动力中农民工所占的比重。
每年新参加工作劳动力中，高等教育毕业生（含高职）作为大学生，其余人员作为农民工计算。
　　数据来源：DRC－CGE 模型结果。

根据模拟结果，预计到"十二五"末期农业从业人员约在 2.5 亿左右，到 2020 年约为 2.14 亿人，到 2025 年将减少到 1.85 亿人左右，到 2030 年将减少到 1.6 亿人左右。而一般估计我国农业需要的劳动力数量为 1.8 亿～1.9 亿，例如蔡昉、王美艳 2009 年发表的研究结果①。也就是说到 2025～2030 年，我国剩余劳动力转移将基本完成。

2. 农业就业的比重

经济增长将带来非农劳动力就业的持续增长。根据 DRC－CGE 模型的模拟结果，中长期内我国农业劳动力仍将持续向二三产业转移。预计到 2025 年，农业从业人员占全部就业人员的比重会下降到 24% 左右，到 2030 年下降到 21% 左右，接近于日、韩等国到达"刘易斯第二转折点"时期的水平（见表 2）。

表 2　　　　　　　　我国未来劳动力从业结构变化

	2010 年	2015 年	2020 年	2025 年	2030 年	2050 年
总从业人员（亿人）	7.84	7.94	7.85	7.74	7.56	6.76
其中：第一产业	2.89	2.50	2.14	1.85	1.59	0.97
第二产业	2.05	2.11	2.09	2.02	1.94	1.74
第三产业	2.89	3.33	3.62	3.87	4.03	4.05
就业结构（%）						
其中：第一产业	36.9	31.5	27.3	23.9	21.0	14.3
第二产业	26.2	26.6	26.6	26.1	25.7	25.8
第三产业	36.9	41.9	46.1	50.0	53.3	59.9

数据来源：DRC－CGE 模型计算结果。

---

① 引自韩俊主编《中国农民工战略问题研究》，上海远东出版社 2009 年版。

3. 城镇化水平

根据国际经验并结合我国特点，预计我国城市化水平的峰值在70%～75%之间。预计到"十二五"末期城镇化水平在56%左右，到2020年城市化率达到60%左右，2030年城镇化率达到70%左右。在2025～2030年间，将接近日、韩两国到达"刘易斯第二转折点"时的城镇化率水平（60%左右）。

基于上面的分析，从理论上来看，预期到2025～2030年期间，我国将基本完成劳动力转移，到达"刘易斯第二转折点"。仅从劳动力资源配置的角度来看，届时我国将告别二元经济结构。

（三）我国"刘易斯第二转折点"有可能提前到来

我国特殊的人口政策、城乡二元体制、农村基本经营制度和农业剩余劳动力的构成，可能使我国"刘易斯第二转折点"提前到来。

1. 有效剩余劳动力规模已经很小

根据一般的定义，农业剩余劳动力等于从事农业的劳动力总量减去当时生产技术条件下农业需要的劳动力数量。农业劳动力数量是确定的，而对农业劳动力的实际需要量不同的学者有不同的测算。国务院发展研究中心课题组用不同的方法测算了对农业劳动力的实际需求量，虽然各种方法估计的剩余劳动力数量有较大差异，但变化趋势基本相同。根据这些方法推算，2012年我国农业剩余劳动力的数量基本上在0.75亿～1亿人之间，平均约为8500万人左右，占乡村从业人员的比例约为18%。从年龄结构看，31～40岁年龄段的剩余劳动力占农业剩余劳动力总数的 25% 左右，40 岁以上年龄段的剩余劳动力占 65% 左右，30 岁以下的只占不到 10%。也就是说，大部分（65%）农业剩余劳动力是 40 岁以上的，而且以女性为主，以初中以下文化程度为主，以剩余劳动时间为主，基本不能实现转移，不是有效剩余劳动力。农业剩余劳动力中真正可外出务工（40 岁以下）的只有不到 3000 万人，也就是说农村有效剩余劳动力只有 3000 万人左右。由于对不同年龄劳动力的需求量不同，而不同年龄劳动力之间又不可能完全替代，因而仅仅增加就业总量，未必能解决特定年龄群乡村劳动力的就业问题，反而可能在某些年龄群的乡村劳动力（例如中老年劳动力）依然剩余的情况下，另外一些年龄群的劳动力（例如 25 岁以下劳动力或技工）供不应求。

2. 农村有效剩余劳动力将在"十三五"期间基本实现转移

根据我国人口预测以及《国家中长期教育改革和发展规划纲要》中对教育发展的规划，预计"十二五"期间平均每年约有初中毕业生 1700 万人左右，其中除 825 万人进入普通高中学习外，约 180 万人直接参加工作，约 610 万人进入中等职业中学学习，合计每年近 800 万人，其中大部分将成为新转移的农民工。预计"十三五"期间平均每年有初中毕业生 1620 万人，其中进入普通高中约 830 万人，进入直接参加工作和接受中等职业教育的共约 740 万人，在这当中大部分是农村人口，是新增农民工的主要组成部分（见表 3）。

表3　　　　中长期全国新参加工作劳动力构成估计（万人）

时期	初中毕业生	初中毕业后的去向				
		直接参加工作①	上中等职业学校②	①＋②	高中及后续的高职和高等教育	不参加工作
2011～2015	1701	186	610	797	825	80
2016～2020	1621	127	610	737	829	54
2021～2025	1588	105	596	700	843	45
2026～2030	1685	99	624	723	920	42

注：主要的农民工群体未去除城镇劳动力

数据来源：根据人口预测及教育规划计算。

"十二五"期间，我国城乡新增劳动力约4000万人，其中农村新增劳动力约2000万人（假定农村新增劳动力占全国的50%左右）。另一方面，农村转移劳动力将增加约4300万人，扣除农村新增劳动力（从实际情况来看，可以假定新增劳动力全部外出就业），存量转移约2300万人（4300－2000＝2300），则"十二五"末期有效剩余劳动力仅有1200万人（3500①－2300＝1200）。按照常规的转移速度，这些有效剩余劳动力将在"十三五"中期转移完毕。也就是说，我国刘易斯第二转折点实际上有可能在2017年左右来到，2020年前我国将可能完成具有中国特色的刘易斯转折进程。

（四）进入刘易斯转折区间后，我国农业劳动力转移的任务仍相当艰巨

首先，如上分析，今后相当长一个时期，我国每年都将有数百万的农村新成长劳动力（以农村高中/职高毕业生为主）需要转移

---

① 2010年底农业有效剩余劳动力约为3500万人。

就业。其次，农村仍有几千万存量剩余劳动力需要转移。而且，这些存量劳动力的年龄偏大、文化程度和技能偏低，主要集中在中西部，转移难度更大。

事实上，即使存量剩余劳动力都转移完毕，增量劳动力转移也将持续。同时，随着东部地区一些劳动密集型产业向中西部转移，中西部一些地方县域经济发展加快，农业中的一些"非有效"劳动力（中年及以上农业劳动力）也将就地转移就业。也就是说，即使完成了刘易斯转折过程，我国的农业劳动力转移现象也会持续存在。

三、健全有利于持续释放农业剩余劳动力的体制机制

当前，我国经济增长的基础和前景与以往已然不同，农村劳动力的年龄结构也发生了变化，农村劳动力转移就业面临的形势和存在的问题也出现了一些变化，需要健全技能提升机制、公共就业服务机制、创业扶持机制和土地权利保障机制，持续推动农业剩余劳动力转移就业。

（一）加快构建新型农业经营体系

1. 促进土地流转，让更多农民从土地上解放出来

以家庭作为土地适度规模经营主体，既可以发挥家庭经营的优势，又可以避免土地大量集中可能导致的社会不公，有助于经济社

会平稳和谐发展。应鼓励发展以家庭经营为主的适度规模经营、依托多种形式的农业社会化服务组织,逐步实行"耕、种、收靠服务,日常田间管理靠家庭成员"的经营形式,以扩大农业服务的规模弥补耕地规模的不足。

一是加快土地承包经营权确权登记颁证。对包括农民工在内广大农民的承包地,全面开展土地承包经营权确权登记颁证,实现土地承包从合同管理转向物权管理。把确权登记颁证工作与搞好延包后续完善工作有机结合,妥善解决承包地块面积不准、四至不清、空间位置不明、登记簿不健全等问题,切实落实和维护好农民的土地承包权利。建议在修改《土地管理法》和制定农村集体土地征收补偿办法中,明确征地涉及农户承包地的,土地补偿费应主要用于被征地农户,补偿费发放应把农村土地承包经营权登记簿和土地承包经营权证书记载内容作为重要依据。

二是健全土地承包经营权流转市场机制。按照依法自愿有偿原则,建立健全"归属清晰、权责明确、形式多样、流转顺畅、管理严格"的土地承包经营权流转机制,引导农民工规范有序流转土地承包经营权,发展多种形式适度规模经营。依托基层农村土地承包管理机构建设土地流转服务中心,建立村有站点、乡镇有中心、县市有市场的土地流转服务体系。针对农民工长年外出的特点,提高土地流转服务的信息化和网络化水平,探索多形式、多渠道为农民工流转土地提供方便、快捷的优质服务。

三是建立健全扶持专业大户、家庭农场发展的政策措施。鼓励地方将新增农业补贴、财政奖补资金、农业保险保费补贴向专业大户、家庭农场倾斜。鼓励地方设立农业担保公司为专业大户、家庭农场提供融资服务。对既能保留家庭经营内核，又具备集约化经营优势的家庭农场，应进一步突出其地位。鼓励有条件的地方率先建立家庭农场注册登记制度。引导农民自愿开展"互换并地"减少地块，方便耕作，实现承包地的集中经营。

四是建立土地流转风险保障金制度。建议由地方政府出资补助，租地企业按流转土地面积缴纳，财政、农经部门共同管理，主要用于补偿因租地企业违约或经营不善而损害的农民利益。

2. 推进农业机械化、农业社会化服务，减少农业对劳动力的依赖

一是继续增加农机具购置补贴资金规模，向消耗劳动力较多的薄弱环节和关键农时特别是经济作物生产所需机械倾斜，向农机动力不足的粮食主产区倾斜，向种粮大户倾斜，向农机合作组织倾斜。二是提高大中型农机补贴水平，鼓励种粮大户、合作组织购买大型农机，改善农机结构。三是鼓励农民通过组建农机专业合作社联合购买农机具，提高农机使用效率。鼓励金融机构发放农机购置贷款，财政对购买大中型农机的合作组织或农户给予贴息补助。四是促进农机工业发展，重点研发和推广先进适用、节能环保、区域适用性强的农机产品。

（二）推进农村集体产权制度改革，让农民带着资产进城

1. 积极推进农村集体经济组织产权制度改革

积极鼓励尚未启动改革的地方有计划地开展试点，已经开展试点的地方在总结经验的基础上扩大试点规模。把除承包地、宅基地

和村庄公共设施用地之外的其他全部集体经营性资产折股量化到有资格的集体经济组织成员,实现"资产变股权、农民变股东"。扩大农民持有的集体资产股份的权能,赋予农民对集体资产股份占有、收益、有偿退出及抵押、担保、继承权,增加农民的选择空间,让农民既可以长期持股,也可以自愿有偿退出。指导已经完成产权制度改革的村依法建立和完善股东大会、董事会、监事会制度,充分发挥集体经济组织成员参与集体资产经营管理的积极性,逐步形成激励约束有机结合的现代治理机制。

2. 加强农村集体经济组织立法相关研究

加大立法调研力度,尽快提出并完善界定农村集体经济组织成员资格的基本原则和框架意见,为制定出台农村集体经济组织法做准备。鼓励各地出台地方规章条例或规范性文件,为依法明确集体成员资格问题进行探索;积极引导条件成熟的地方探索建立规范的集体经济组织和成员名册备案登记制度,以政府公信力保障农民工集体经济组织成员资格,为建立全国统一的登记制度打下基础。

3. 加强对农村集体"三资"监管服务

着重加强招投标制度和合同管理制度建设,构成上下联动、监督有效的工作机制。加强农村集体"三资"委托代理服务,加快乡镇委托代理中心建设,规范委托代理程序,充分发挥委托代理服务作用。探索以农村土地承包经营权流转服务中心或者集体"三资"服务中心为依托,构建农村集体产权交易平台,提高农民工集体资产权益的流动性。

（三）完善和保障农民工土地权益，让农民带着土地权益进城落户

进一步完善宅基地产权制度，明晰宅基地产权权能，赋予宅基地完整的物权权能，赋予宅基地使用权人必要的自由处分权和收益权，保障农民房屋所有权与宅基地使用权财产功能的实现。

将农民住宅纳入国家统一的不动产登记体系和不动产税收体系，对于在城市和农村都拥有住房的农业转移人口，由其自主选择缴纳农村住宅的房产税，或者出售住宅。在此基础上，逐步建立农民工宅基地市场化有偿退出机制。在城镇有稳定职业和住房且已落户的进城务工人员，或全家已迁入城镇且已享受城镇居民待遇的人员，允许其有偿退出宅基地。住房转让时，农村集体经济组织可以收取有偿使用费。

（四）加强农村人力资源开发，提高农村劳动力和农民工的技能素质

将提高农村劳动力和农民工技能作为促进农民工稳定就业、农民收入增长的战略措施和重要职责，统筹规划稳步推进。根据存量农业剩余劳动力的年龄结构、文化程度的实际情况，有针对性地开展培训，增强培训效果。大力推行就业导向的培训模式，强化职业培训基础能力建设，增强培训针对性和有效性，努力提高培训质量。加大职业培训资金支持力度，完善职业培训补贴政策，加强职业培训资金监管，努力提高资金使用效率。落实好中等职业教育国家助学金和免学费政策，扩大初、高中三年教育加上一年免费职业

教育的范围，增强农村新成长劳动力的就业技能。

（五）健全公共就业服务体系，提高就业服务质量和效率

按照均等化、制度化、专业化和信息化的要求，加强各级公共就业服务机构的场所和功能建设，大力推进乡镇、村就业服务平台建设。加强就业服务能力建设和人员队伍建设，拓展服务功能，建立健全精细化、长效化服务机制，为农民工和用人单位提供优质高效服务。加快建立覆盖全国的公共就业服务信息网络，实现就业服务经办信息化和就业扶持政策补助资金管理信息化。加强就业信息服务，收集、汇总和发布及时有效的人力资源市场信息。建立政府投资、公共项目与扩大就业的联动机制，动态掌握新增投资、新上项目的用工信息，提前发布用工需求。加强就业指导和用工指导服务，创新服务手段，提高服务的有效性和针对性。

四、构建有利于农民工市民化的体制机制

从我国国情出发，推进农业转移人口（主体是农民工）市民化应坚持两条腿走路：一方面，加快户籍制度改革，放宽落户条件，让有意愿有能力的农业转移人口在城镇落户定居成为市民；另一方面，推进公共服务均等化，将社会福利与户籍剥离，让暂不符合落户条件或没有落户意愿又有常住需求的农业转移人口，能享有基本公共服务。在具体方式上，则应以省内落户定居和公共服务均等化为重点，区分不同城市、不同群体、不同公共服务项目，有序推进。

（一）推进有意愿、有条件的跨省农民工在流入地落户定居

根据不同城市人口规模和综合承载力，制定差别化的落户条件，分类有序推进户籍制度改革，降低落户门槛。到 2020 年，除少数大城市以外，基本实现自由迁徙。

一是以"两个合法稳定"为基本条件，在 2020 年以前，放开中等及以下各类城市、城镇的落户条件，实现自由迁徙。二是建立和实施阶梯式户口迁移制度，逐步放宽大城市落户限制，并向举家外出农民工倾斜。三是建立从居住证到落户的制度通道，以办理居住证为计算连续居住年限的依据，符合当地政府规定相关条件的，可以在当地申请登记常住户口。对于北京、上海这样的特大城市，也应通过这种方式让长期在本地居住工作的常住家庭落户。

（二）鼓励第一代农民工返乡就业创业和落户定居，引导新增农业转移人口就近转移就业，让农业转移人口的大多数在省内实现市民化

目前，农业转移人口在省内就业的比重已达到 70%，并以每年 1 个百分点的速度上升。未来，数千万第一代外出农民工将逐步退出城市劳动力市场，其中的相当一部分将回到家乡的城镇定居。应适应这一趋势，把就近转移就业和省内市民化提到更加重要的位置，作为今后我国就业促进政策和城镇化战略的重点，使存量农业转移人口中的 80%、新增农业转移人口的大多数（60% 以上）在

省内转移就业,在省内实现市民化。

一是实行城乡统一的就业登记制度,建立城乡人力资源信息库和企业用工信息库。二是以中西部基层为重点,加快构建全国城乡沟通、就业供求信息联网,网点到达县城、乡镇和城市街道、社区的劳动力市场和就业服务网络体系。三是加强对中小企业劳动用工的规范和指导,切实保障农业转移人口的劳动权益。四是加强对农民工创业的政策引导、项目开发、风险评估、小额担保贷款、跟踪扶持等一条龙服务,扶持各类农民工创业园的建设。五是完善有利于加快小城市和城镇发展的财税、土地、投融资政策,提高其综合承载能力。六是在省级行政区域内建立城乡统一的户口登记制度,为本省农业转移人口在省内市民化创造条件。

(三) 以新生代农民工为重点,加快推进基本公共服务均等化

以新生代农民工为重点,区分不同项目,有序推进公共服务均等化。到 2015 年,基本健全义务教育、就业培训、社会保障、公共卫生、计划生育等基本公共服务项目;到 2020 年,基本健全保障性住房、低保、学前教育和高中阶段教育等与城市户籍紧密挂钩的公共服务项目。

一是切实保障农业转移人口随迁子女受教育权利,重点是落实以"流入地政府为主、普惠性幼儿园为主"的政策,解决农业转移人口随迁子女接受学前教育问题;落实异地高考政策,特别是要完善北京等特大城市的异地高考政策。二是加强农业转移人口公共卫生和医疗服务,重点是合理配置医疗卫生服务资源,提高农业转移

人口接受医疗卫生服务的可及性；推广在农业转移人口聚居地指定新型农村合作医疗定点医疗机构的经验，方便农业转移人口在城务工期间就近就医和及时补偿。三是做好农业转移人口社会保障工作，重点是健全城镇企业职工基本养老保险与新型农村社会养老保险制度之间，以及城镇职工医疗保险和新农合之间的衔接政策，实现养老和医疗保险在城乡之间以及跨统筹地区之间的顺畅转移接续；提高农业转移人口在流入地城镇的参保率，解决非正规就业、劳务派遣工、随迁家属的参保问题。四是以公共租赁住房为重点，扩大城镇住房保障覆盖范围，将中低收入住房困难的农业转移人口家庭纳入保障体系；逐步将住房公积金制度覆盖范围扩大到在城市有固定工作的流动人口群体，建立和完善住房公积金异地转移接续制度。

（四）健全农业转移人口市民化公共成本的分担机制

进一步明确各级政府的职责，并以常住人口作为财政分成依据来调整各级政府之间的财政分配关系。

一是进一步明确中央政府、省级政府和城市政府在推进农业转移人口市民化方面的主要职责。中央政府主要负责制定基本公共服务全国最低标准，依法承担义务教育、社会保障、公共卫生等基本公共服务成本，增加对接受跨省农业转移人口较多省份的支出补助。省级政府主要负责制定本省（区、市）公共服务标准，承担公共服务成本省级负担部分，增加对接受跨市农业转移人口较多城市的支出补助。城市（含区县）政府要承担公共服务成本市（县）级分担部分，以及基础设施建设和运营成本。二是适应农业转移人口市民化的客观趋势，进一步完善财税制度，以常住人口作为财政分成依据来调整各级政府之间的财政分配关系。健全中央和省两级专项资金转移支付制度，对吸纳农业转移人口较多的城市给予资金补助。促进生产型税收向消费型税收的转变，增强流入城市吸引人口定居的动力。建立健全财权与事权相匹配的财政管理体制，实现基层政府"事权"和"财权"的对应，确保基层政府具备提供公共服务和以一定财政资金调配人口空间分布的能力。

（五）健全包括农业转移人口在内的流动人口信息管理体系

完善统计制度，整合部门信息资源，加快建设国家人口基础信息库。

一是进一步加强和完善人口普查、人口抽样调查制度，准确反映流动人口规模、结构和变化情况。二是建立流动人口动态监测和信息共享工作制度，整合公安、人力资源和社会保障、人口计生和统计等部门的报表和监测信息，全面了解流动人口生存发展状况，为完善相关政策提供数据支持。三是以建设国家人口基础信息库为契机，加快建立"综合采集、集中管理、信息共享"的流动人口信息综合数据库和共享平台，为实现流动人口服务管理信息化奠定基础。

执笔：何宇鹏　金三林

参考文献

［1］William Arthur Lewis. Economic Development with Unlimited Supplies of Labor ［J］. The Manchester School, 1954, （22）

［2］阿瑟·刘易斯. 经济增长理论. 北京：商务印书馆, 2005

［3］费景汉，拉尼斯. 增长和发展：演进观点. 北京：商务印书馆, 2004

［4］国务院发展研究中心课题组. 农民工市民化制度创新与顶层政策设计. 北京：中国发展出版社, 2011

［5］国务院发展研究中心课题组. "十二五"时期推进农民工市民化的政策要点. 发展研究, 2011（6）

［6］国务院发展研究中心课题组. 农民工市民化进程的总体态势与战略取向. 改革, 2011（5）

［7］蔡昉. 刘易斯转折点——中国经济发展新阶段. 北京：社会科学文献出版社, 2008

［8］韩俊. 中国农民工战略问题研究. 上海：上海远东出版社, 2009

［9］荣世芳. 刘易斯转折点：理论与检验. 经济学家, 2009（6）

［10］孙时联. 中国经济尚未到达"刘易斯拐点". 经济参考报, 2010 - 8 - 13

［11］叶兴庆. 现代化与农民进城. 北京：中国言实出版社, 2013

［12］金三林. 劳动力成本上升对我国物价的影响研究. 国务院发展研究中心工作报告, 2012 - 2

专题报告三
城乡发展一体化视角下的农村金融改革

长期以来，我国城乡金融资源配置严重不平衡，农村金融改革明显滞后，服务体系不完善，为农民提供的金融服务严重不足。十七届三中全会《决定》提出建立现代农村金融制度，十八届三中全会《决定》提出维护农民生产要素权益，保障金融机构农村存款主要用于农业农村，发展普惠金融。这些重大部署指明了农村金融改革的方向。最近这些年，农村金融改革取得了一些实质性进展，但是与中央的要求还存在非常大的差距。在金融产品和服务方面，还不能满足城乡发展一体化的需要。需要进一步推进农村金融改革创新，完善农村金融体系，建立适应"三农"和城镇化发展对金融产品和服务提出新要求的农村金融服务体系。

一、城乡金融差距

从 2003 年国家启动农村信用社改革以来，农村信用社以及农村商业银行等金融机构的不良贷款比例、资产质量得到改善。农村金融产品的创新以及农村金融机构对农村金融的支持强度发生了很大变化。但是，在我国金融体系中农村金融仍然是薄弱环节，城乡金融差距非常明显。

（一）农村金融改革滞后于城市

农村金融的普遍特点是金融供求双方信息严重不对称，金额小而业务分散，市场发育不成熟，交易成本较高，农业自然灾害风险易于转化为信贷违约风险。目前我国多数农户生产经营受到灾害影响较大，农业保险发展有待加强，农村金融风险防范和化解机制有待提高。农村普遍缺乏抵押担保物，使农村金融市场化、商业化发展的市场基础条件欠缺。在市场竞争、公平金融消费环境方面，商业银行分支机构在县域的大量撤出，导致农村地区金融市场竞争程度低于城区，中西部地区呈现农村信用社"一家独大"的局面。城市金融创新快，银行卡、电子银行、代客理财、衍生产品、资产证券化等新的金融产品层出不穷，基本能够有效满足城市居民的需求；农村部分地区还只能提供基本的存、贷、汇"老三样"服务，在城市已较为发达的证券、保险等金融产品在农村地区还比较薄弱。农村部分地区仍然存在金融服务盲区，农民"贷款难"问题仍然没有得到根本性改变，正规金融在农村金融市场的渗透率和覆盖面远远不能满足农户和农村中小企业的需求。

（二）涉农金融机构支农功能减弱

商业金融机构在农村金融领域内较弱。按照目前农村金融机构的布局，在农村地区的正规金融机构主要有四大商业银行、农村信用社和邮蓄机构网点。农业银行在商业化改革中，资金投放转向以城市工商业为主，其他商业银行也大量撤并农村的营业网点，涉农服务日趋减弱。农村信用社支农力度也正在减弱。目前合作金融机构改革的方向主要是股份制，以商业化为发展方向。邮蓄银行未充分发挥引导资金回流的作用，资金仍在从农村向城市流动。邮蓄银行在全国网点很多，约有三分之二的邮蓄银行来自于县或县以下。但邮蓄银行农村网点吸收的存款，未能主要用于农村。

（三）农村融资环境建设滞后

农村金融基础设施不足，突出表现在抵押、担保过程中，缺乏资产评估、担保公司、征信登记等金融中介机构。

现行法律对农村抵押担保物的严格限制，使农民金融权利的享有不平等。对商业银行的传统融资方式而言，农民很难提供合格的抵押担保品，即便有抵押担保品，计量和确认抵押品的成本也非常高。而且一旦发生违约后，这些抵押品也难以处置。在农村尤其在中西部农村地区，金融资源贫乏，金融机构提供金融服务的积极性不高。

农村金融市场以银行类信贷为主，保险、证券等的发展相对滞后，导致农村直接融资市场发展落后。农村企业从创业到各个发展阶段股权性资本融资不足，过度依赖间接融资。在城市，银行间市场的快速发展极大地推动了融资市场的发展。信托业为城市建设融资平台提供了多样化的信托产品，使得融资免受银行贷款的约束，城市政府控制的各种融资平台可以通过贷款、发信托、发债券等各种方式进行融资。在中国目前的资源配置体系下，城市融资市场对金融资源的争夺，对农村金融产生很强的挤压效应，致使县域和乡村金融活力差，金融资源外流，城乡金融发展差距显著。

二、农村金融需求与供给

城乡发展一体化离不开农村金融的支持。当前，在城乡发展一体化进程中"三农"和城镇化金融需求出现了一些变化，农村金融需要满足新的金融需求和提供高质量的金融服务。与城市相比，农村地区金融机构网点、从业人员和信贷资源严重不足，特别是1998年以来，国有商业银行从农村地区撤并了3万家以上的机构网点，贫困地区农村金融网点覆盖率严重不足。面对城乡发展一体化的金融需求，农村金融供给不足，特别是中小微型企业信贷、农户基础金融服务供给不足，融资难、金融服务获取难。

（一）城乡发展一体化进程中的金融需求

1. 现代农业发展的需求

城乡发展一体化意味着农业生产方式的转变，农业生产呈现规模化、专业化、组织化、市场化，相应的金融需求多样化；千家万户小规模生产向规模、有组织生产转化，出现了贷款新需求；现代农业技术装备投入需要资金支持；农村土地流转制度改革产生新的资金需求；土地耕种逐步集中化将加大对农业保险的需求。

2. 农村人口向城镇转移的需求

城乡发展一体化的过程也是农民向市民转化的过程，其中包含农民生活生产方式的升级和转变，意味着对金融产品和服务需求的转变。农村转移人口急需就业创业、居住服务、消费、文化教育、医疗卫生等领域的信贷服务；进城务工人员就业、消费、投资理财、返乡创业等贷款新品种；留守家庭依靠外地汇款生活。这些方面要求金融机构加大金融创新，为农村提供多样化的金融产品和优质的服务。

3. 基础设施建设的需求

城乡发展一体化过程中所必需的生产和生活设施包括农田水利、电力通讯、水电煤气、医疗教育、科技文化等，这些都需要大量的资金支持，仅仅靠财政、靠农民显然不够，需要强有力的金融支持。

（二）城乡发展一体化进程中农村金融供给不足

1. 金融机构支农力度仍不足

截至 2013 年年底，我国全部金融机构涉农贷款余额 17.6 万亿元，占各项贷款余额 26.2%；其中，农户贷款余额占各项贷款余额仅 5.4%。这与农业农村在国民经济中所占比重很不相称。

2. 金融服务发展不足

截至 2012 年底，全国还有 7 个省份存在乡镇金融机构或乡镇基础金融服务空白问题。全国金融机构空白乡镇有 1686 个，约占全国乡镇总数的 5%。农民难以提供合格的抵押担保物，贷款难、成本高。

3. 合作性金融缺位

多数地方农村信用社已变成了以股份制改制为主的商业性金融

机构，合作性质逐渐消退。新建的村镇银行"名为村镇，身在县城"，其最主要的放款对象是中小企业，并非农户，特别是远离处于偏远农村地区的农户。农村资金互助社缺乏上位法支持和相应的监管，很多互助社实际上是在从事金融业务，准金融机构特征非常明显，背离合作原则。

4. 农业保险不能满足农业发展的需要

2012 年，全国农业保险承保主要作物 9.7 亿亩，占总播种面积的 40%。与其他粮食生产大国比较，我国的承保覆盖率还很低。目前，财政补贴型险种仍是我国农业保险的主要险种，补贴品种有 15 个，但补贴资金有限。农业再保险发展缓慢。巨灾保险制度尚未建立。商业性农业保险公司提供的险种少、费率高。

5. 金融产品和服务不能满足现代农业发展的需求

目前金融机构在农村地区提供的服务主要以满足农户的基本存、贷、汇款为主，以及部分粮食收购贷款和农村龙头企业贷款。在农业科技、农产品开发、水利设施、农产品营销等方面的金融产品和服务还基本处于空白。

三、农村金融改革进展与成效

2003 年以来，国家实施了一系列政策措施，对金融机构进行了改革，调整和放宽农村金融市场准入政策，农村地区商业性金融、合作性金融、政策性金融相结合的农村金融体系得到一定程度发展。

（一）10 年来农村金融改革进展

1. 改革农村信用社

农村信用社在 1996 年进行合作制改革以后，全部门业绩并没有好转，不少信用社，特别是中西部地区的信用社仍然面临经营亏损。从 2003 年开始，国家启动农信社改革试点，实施多项政策和资金支持，包括保值贴补、税收减免、专项票据和专项贷款支持、利率政策，改革农村信用社管理体制和产权制度。改革的总体要求是"明晰产权关系、强化约束机制、增加服务功能、国家适当扶持、地方政府负责"。改革目标包括三个方面：一是完善农村信用社的治理结构；二是省级政府创造农村信用社商业可持续发展的生态环境，包括避免地方政府干预信用社的经营，地方政府帮助信用社清收不良贷款，打击逃废债；三是在农村信用社治理结构完善、商业可持续发展的基础上，支持当地经济发展，使当地经济金融良性循环。

经过改革，农信社历史包袱得到初步化解，不良贷款比例明显下降，资本状况有一定程度改善，支农服务能力和水平有所提高，但法人治理有效性不足、内部控制、服务创新不足等问题没有得到解决。改革后，绝大部分县（市）农信社改制为统一法人，绝大多数省份成立了省联社，在省级政府承担风险处置责任背景下，省联社以控制风险之名，施行政管理之实，对农信社人事任命、业务经营形成了全面干预。农村信用社资金向上集中，有效激励约束机制缺失导致创新动力不足，涉农信贷服务薄弱，在"三农"市场上的覆盖广度和覆盖深度没有根本改观。

2. 建立农业银行"三农金融事业部"

2007 年召开的全国金融工作会议确定了农业银行"坚持面向'三农'、整体改制、商业运作、择机上市"的改革原则，把面向"三农"作为股改的首要原则，要求农行坚持为农服务的方向。在股份制改革实施方案中，提出在农行建立"三农"县域事业部，在体制机制上保证农行分配专门的资源和人员开展"三农"业务。不仅要求"县域内银行业金融机构新吸收的存款，主要用于当地发放贷款"，对农行服务"三农"做出了硬性的指标，还由银监会对"三农"事业部的改革发展情况从业务发展、经营绩效和审慎经营等方面进行监测考核。此外，国家出台了针对农村金融机构完成考核指标后的激励办法，旨在提升"三农"事业部经营绩效和盈利能力。

从 2008 年开始，农业银行从东、中、西部地区分别选取部分一级、二级分行，开展"三农金融事业部"改革试点。目前，全国有 12 个省（区、市）分行下辖的 931 个县域支行被确定为试点行。对试点省（区、市）实行总行、试点省级分行、地市分行管理部门"三级督导"，县域支行"一级经营"的事业部管理构架，对纳入改革试点的县域支行实行"六个单独"（单独的资本管理、信贷管理、会计管理、风险拨备和核销、资金平衡、绩效考评）的运行机制，并给予相应扶持政策。

农业银行"三农金融事业部"改革模式存在一定局限性。一是虽然"三农金融事业部"改革中，差异化授权下对县域事业部授权有所扩大，信贷担保条件也有所放宽，信贷审批权限得以适度下沉，但建立在省级和地市级的县域贷款和"三农"贷款审批团队，与业务一线仍然距离较远，涉农产品开发及其管理的灵活度不够。总体上说，在大行体制下，产权约束导致的委托代理链条过长，内控水平较低，所以县域"三农金融事业部"难以建成真正的利润中心，而仅仅作为一个业务中心来推动涉农业务，就不可能实现可持续扩大，不可能全局性地解决农村金融问题。二是改革中对机构的补贴政策是否切实有效地推动了涉农业务发展值得商榷。从根本上说，支农是政策目标，盈利是机构天性，如何在激励相容的前提下，促进利润导向的机构主动为政策目标服务，考验着政策设计的技术水准。

3. 农业发展银行扩大业务范围

2004年以来，农业发展银行在支持粮棉油收储的基础上，拓宽业务范围，从原先的封闭性机构转而开展商业性业务。一是开办一些新的涉农贷款业务。发展以粮棉油收储、加工、流通为重点的全产业链信贷业务；发展以支持新农村建设和水利建设为重点的农业农村基础设施建设中长期信贷业务，支农力度逐年加大。二是开辟市场化筹资渠道。2012年在香港发行离岸人民币债券，形成了以人民银行再贷款为依托，市场化发债为主体、组织存款为补充的多元化资金筹措机制。通过发行金融债券，筹集和引导社会资金回流农业农村。

农发行的改革仍未到位，公司治理问题没有解决，政策性和商业性业务混合，支农服务水平不高。截至2012年底，全行共有各类机构2182个，其中，地（市）级333个、县级1816个。但其大量机构是在发达地区，在贫困县分布不足。

4. 改革邮储体制

长期以来，农村资金通过邮政储蓄外流的问题十分严重。2005年，国家启动了邮储体制改革，包括实现邮政金融业务规范经营。一是改变邮政储蓄资金全额转存中央银行模式。二是扩大邮政储蓄资金的自主运用范围，包括开展小额质押贷款。2007年初，中国邮政储蓄银行开业，成为我国第五大商业银行，按照商业化原则服务农村。2011年初，国家批准了中国邮政储蓄银行股份制改革方案，明确要求将中国邮政储蓄银行建设成为资本充足、内控严密、运行安全、服务优质、效益良好、市场竞争力强，立足服务"三农"、城乡居民和中小企业的现代商业银行。2012年，原中国邮政储蓄银行有限责任公司整体变更为中国邮政储蓄银行股份有限公司。

经过改革，邮储银行向农村提供的基本金融服务、小额贷款和县域小微企业贷款不断增加。截至2012年底，县及县以下网点储蓄余额占全部邮政储蓄余额的66%。县及县以下农村地区信息化网点2.8万个；在全国25个省开办了"新农保"业务；银行卡助农取款服务点7.5万个。在县及县以下农村地区累计发放小额贷款占全部小额贷款累计发放金额的71%。在县及县以下农村地区，累计发放小企业贷款余额约占全部小额贷款结余的49%。

5. 放宽农村金融市场准入

2006年以来，银监会放宽了农村地区银行业金融机构准入政策，允许社会资本到农村地区设立新型农村金融机构，包括村镇银行、小额贷款公司和农村资金互助社。

（1）村镇银行

村镇银行由现有的商业银行发起，允许经营几乎所有的正规银行业务，贷款对象以中小企业和农户为主。全国已组建 1000 家村镇银行，分支机构超过 900 家，覆盖了 31 个省份。中西部共组建村镇银行 620 家，占总数的 62%，覆盖了 175 个国定贫困县。截至 2012 年底，村镇银行各项贷款 84% 以上为农户与小企业贷款。

从经营状况来看，由于县域和农村经济基础薄弱，村镇银行盈利的难度较大。整体来看，村镇银行存款以企事业单位存款为主，而且活期存款较多，资金来源不够稳定。由于机构网点少，在吸收居民存款和定期存款方面存在较大的困难。

村镇银行服务"三农"效应还不明显。一是部分村镇银行网点对农村的辐射还不够。并且大部分设立在县城，对农村的服务不足。二是部分村镇银行的主要客户不是农户。部分村镇银行虽定位为"服务三农"，但其实际业务重心和目标客户群体主要集中在县域，与城市商业银行县级支行无本质区别，服务"三农"的深度和广度还不充分。

（2）小贷公司

2008 年，中国银监会将小额贷款公司试点推向全国。截至 2012 年底，全国共有小额贷款公司 6080 家。全国 31 个省（自治区、直辖市）都已设立了小额贷款公司。总体上，小额贷款公司在支持县域经济发展方面发挥了积极作用。

小额贷款公司试点监管体制不顺问题非常突出。一是中央缺乏协调，地方监管松散。中央对地方指引不够，各地试点方案均不同程度突破银监会《关于小额贷款公司试点的指导意见》规定。二是监管任务不明。我国尚未对非金融机构放贷人专门立法，监管政策上对"只贷不存"小额贷款公司的监管应适用何种原则、包括哪些内容尚不明确。三是地方政府履行小额贷款公司监管职能存在法律障碍。地方政府依据银监会《关于小额贷款公司试点的指导意见》对小额贷款公司的准入实施行政许可，对小额贷款公司的违规违法行为进行行政处罚，不符合《行政许可法》和《行政处罚法》规定。

（3）农村资金互助社

农村资金互助社是在银监会农村金融市场准入的政策框架下，农民可以通过共同出资的方式，组建的信用合作组织。农村资金互助社主要有四种组建模式：一是经银监部门批准和监管，颁发金融许可证，在工商部门注册的农村资金互助社。二是国务院扶贫办、财政部在国家和省扶贫开发工作重点县推行"贫困村互助资金试点"设立的贫困村扶贫互助社。这类互助社在民政部门登记，扶贫和财政部门负责管理。三是农民自发组建或政府试点成立的农民资金互助社。这类互助社未经银监部门颁发金融许可证，一般在民政部门登记。四是农民专业合作社内部设立的信用合作部或资金互助部。全国这四类互助社加起来将近两万多家。从目前情况看，农村资金互助社运营总体平稳，在发挥互助合作、缓解农民社员融资难方面起到了一定的作用。但由于多方面因素影响，还存在以下突出问题。

一是缺乏合作的理念。合作金融组织的健康发展离不开入股社员的民主管理和互相监督。然而，农村资金互助社社员普遍缺乏合作理念，不具备合作金融专业知识，也缺少合作金融的实践经验，多数社员对农村资金互助社的经营不管不问，导致其社员大会流于形式，当地村干部或发起牵头人成为该社经营的实际控制人，一人一票的民主决策原则难以实行，合作制难以发挥真正作用。

二是缺乏合作的基础。合作经济是合作金融的基础。但是，目前农民专业合作社等新兴合作制经济组织还处于发展初期，大多数实力弱、人员素质缺乏、管理不规范，现阶段不具备大规模发展合作金融组织的条件。

三是缺乏合作的规则。目前，我国尚没有合作金融专门立法，《农民专业合作社法》也未将农民之间的信用合作纳入调整范围，使得农村资金互助社作为合作制金融组织处于缺乏上位法支持的尴尬地位，并在实践中难以在工商部门注册登记。全国农村资金互助社，无论是在工商登记还是民政登记，登记的仅约占总数的10%。

四是缺乏合作的前景。全国农村资金互助社股本普遍较少，社会认可度较低，社员存款意愿不强，可用资金缺乏。入社社员又多为同质农户，资金需求、生产周期类同，有限资金也无法满足社员同一时期的大量贷款需要，互助作用难以充分发挥，部分机构经营不可持续。目前能够实现盈利的主要是由于政府、企业支持，互助社房租、工资等营业费用未完全计入成本，如剔除此因素，按正常成本核算，各社基本处于亏损状态。

五是缺乏相应的监管。农村资金互助社全部设立在乡镇或行政村，地理位置偏远，道路交通不便，加上县域监管力量匮乏，监管资源十分紧张，持续监管难度大。

6. 政策支持与地方实践

农村金融是我国金融体系中的薄弱环节，农村地区金融成本、金融风险普遍高于城市。近年来中央实施了一系列财税、金融政策，支持农村金融机构的经营发展。目前，农村金融初步形成了财税、金融政策相结合的扶持政策体系，在一定程度上弥补了市场配置机制的不足。

在财税政策方面：①实行定向费用补贴。对符合条件的村镇银行、小额贷款公司和农村资金互助社三类新型农村金融机构，按贷款平均余额的2%给予补贴。②实行涉农贷款增量奖励。对试点地区符合条件的县域金融机构涉农贷款平均余额增量超过15%的部分，按2%给予奖励，奖励资金由中央和地方财政分担。③开展小额贷款公司涉农贷款增量奖励试点，对涉农贷款年度平均余额同比增长超过15%以上的部分，按2%的比例给予奖励。④实施农业保险保费补贴。⑤实施呆账核销、税收优惠和减免监管费用等政策。

在金融政策方面：①对主要涉农金融机构执行差别化存款准备金率。目前，农村商业银行、农村合作银行、农村信用社存款准备金率分别比大型商业银行低2、5.5和6个百分点。对于资产规模小、涉农贷款比例高的农村合作银行、农村信用社，其存款准备金率再降1个百分点。对经考核达标的机构，执行低于同类金融机构正常标准1个百分点的存款准备金率。对农业银行涉农贷款投放较多的县域"三农金融事业部"实行比农业银行低2个百分点的存款准备金率。②支农再贷款支持。支农再贷款额度向西部地区和粮食主产区倾斜，扩大了支农再贷款的发放范围和用途；允许支农再贷款合同期限展期，经过展期支农再贷款使用期限由一年可延长至三年；支农再贷款发放范围由农村信用社扩大到农村合作银行、农村商业银行、村镇银行等设在县域和村镇的存款类金融机构法人，并将支农再贷款的用途范围由发放农户贷款扩大到其他涉农贷款；将支农再贷款利率定为低于流动性再贷款利率的水平。③实施"鼓励新增存款一定比例用于当地贷款"的考核激励政策。

除了财政、金融政策支持外，针对农村金融抵押担保物缺少的问题，一些地方开展了耕地承包经营权抵押贷款业务。虽然法律禁止耕地承包经营权用于贷款抵押，但在现实中，耕地承包经营权用于贷款抵押存在迫切的需求。近年来各地已经开展的耕地承包经营权抵押贷款主要有五种模式：一是省级政府出台指导意见或制订专门法规，如重庆市出台了《加快推进农村金融服务改革创新的意见》，推进农村土地承包经营权为核心创新农村金融制度；二是地市或县级政府出台地方性管理办法，如辽宁、湖北、福建、浙江、陕西等地区的部分市县；三是当地人民银行和银监部门联合下发指导意见，如湖南南县；四是当地农村信用社制定贷款管理办法，如江西余江县，宁夏同心县、平罗县；五是当地法院出台意见，如浙江省、山东枣庄市。

（二）农村金融改革和发展的成效

1. 农村金融基础服务覆盖面扩大

经过改革和发展，农村地区正在形成银行业金融机构、非银行业金融机构和其他组织共同组成的多层次、广覆盖、功能互补的农村金融服务体系。金融服务供给者包括农村信用社、农村商业银行、农村合作银行、村镇银行、贷款公司、农村资金互助社，以及为农业生产提供服务的商业性农业保险公司。截至 2012 年年底，全国金融机构空白乡镇从 2009 年的 2945 个减少到 1686 个；实现乡镇金融机构和乡镇基础金融服务双覆盖的省份（含计划单列市）从 2009 年的 9 个增加到 24 个。全国 2000 多个县（市）中的 1/4 都设有新型农村金融机构，在已批设机构中，90% 以上设立在县及县以下地区，中西部地区新型农村金融机构数量占到 60%。目前，农村信用社是农村金融服务主要供给者，全国共有 2411 家，其中农村商业银行 337 家，农村合作银行 147 家。农村信用社机构网点 7.4 万个，从业人员 77.8 万人，约占银行业金融机构从业人员的 25%（见表 1）。

表 1　　　　　　　　　　2012 年主要涉农金融机构相关情况

机构名称	机构数（家）	营业性网点数（个）	从业人员数（人）
农村信用社	1927	49034	502829
农村商业银行	337	19910	220042
农村合作银行	147	5463	55822
村镇银行	800	1426	30508
贷款公司	14	14	111
农村资金互助社	49	49	421

数据来源：中国银监会。

2. 农村金融基础设施得到改善

农村金融基础设施建设内涵广泛，包括支付服务、信用体系、货币管理、涉农贷款统计、农村金融知识教育等。注重农村金融基础设施建设是近几年农村金融发展中的一个突出亮点，也是改善农村金融生态环境的有力举措。一是改善农村支付服务环境。截至2010年末，全国共有28886家农村信用社网点、1238家农村合作银行网点、1164家农村商业银行网点和261家村镇银行网点接入人民银行跨行支付系统，畅通了农村地区异地汇划渠道。二是鼓励农村信用体系建设。建立农户电子信用档案，将企业和个人信用信息基础数据库应用范围扩大到农村地区；开展农户信用评价，将农户信用评价结果与农户贷款审核、管理、优惠政策等方面相结合。2011年末，1.5亿农户建立了信用档案，评定了9100多万个信用农户，7400多万个农户获得了信贷支持。

3. 金融机构涉农贷款增长明显

截至2012年底，全部金融机构全口径涉农贷款余额占全部贷款余额的26.2%，5年间平均年增长24.3%。从贷款投向看，农村（县及县以下）贷款余额、农林牧渔业贷款余额和农户贷款余额分别占全部贷款余额的21.6%、4.1%和5.4%，5年间平均年增速分别为24.4%、13.4%和22.3%。农村信用社（包括农村商业银行、农村合作银行）涉农贷款余额5.3万亿元，其中农户贷款余额2.6万亿元，这两项分别占其全部贷款余额的68.1%和33.6%；分别占全部金融机构的涉农贷款余额和农户贷款余额的30.3%和72.9%（见表2）。全国持有农村信用社贷款的农户约4209万户，平均单户贷款余额6.2万元。按用途分类和城乡地域分类，农村信用社发放的农林牧渔业贷款和农村（县及县以下）贷款余额分别为1.9万亿元和4.7万亿元，分别占其全部贷款余额的24.8%和60.3%，分别占全部金融机构农林牧渔业贷款和农村（县及县以下）贷款的 71.2% 和 32.5%（见表3）。

表2　　　　　农村信用社涉农贷款情况（截至 2012 年底）

		涉农贷款		农户贷款	
		余额（亿元）	同比增长（%）	余额（亿元）	同比增长（%）
全部金融机构		176227	20.7	36193	15.9
其中	农村信用合作社	31265	5.7	17970	5.2
	农村商业银行	16767	62.7	5507	83.6
	农村合作银行	5404	−12.9	2930	−13.0

数据来源：中国人民银行调查统计司。

表3　　　　　农村信用社涉农贷款情况（截至 2012 年底）

		农林牧渔业贷款		农村（县及县以下）贷款	
		余额（亿元）	同比增长（%）	余额（亿元）	同比增长（%）
全部金融机构		27261	11.6	145385	19.7
其中	农村信用合作社	14760	1.9	29063	5.3
	农村商业银行	3306	83	13235	70.9
	农村合作银行	1370	−15.9	5023	−13.9

数据来源：中国人民银行调查统计司。

4. 农业保险发展加快

一是农业保险覆盖面扩大。农业保险由试点初期的 5 个省（自治区、直辖市）覆盖到全国。农业保险在实现基本覆盖农林牧渔各主要农业产业的同时，在农业产业链前后都有了新的延伸，从生产领域的自然灾害、疫病风险等逐步向流通领域的市场风险、农产品质量风险等延伸。二是市场经营主体增加。2012 年全国开展农业保险业务的保险公司已由试点初期的 6 家增至 25 家。2012 年年底，全国农业保险保费收入 242.1 亿元，共计向 2818 万农户支付赔款 148.2 亿元。三是政策支持力度加大。2012

年，财政保费补贴235.2亿元，占总保费规模的97.9%，减轻了农民的保费负担。

四、当前农村金融服务体系存在的主要问题

近年来农村金融改革发展取得了显著成效，但从金融支持"三农"的要求来看，农村金融服务体系仍存在一些深层次问题。

（一）农村金融业务效益比较低，需要加强政策扶持

农村金融资本回报低，同时农村地区提供金融服务的成本较高，使农村地区高效率吸收存款和低效率发放贷款并存。金融机构支持"三农"的动力仍不足，一些地区仍不同程度存在资金外流现象。与农村金融相关的配套政策措施不尽完善，投资环境、司法环境、信用环境、公共基础服务设施等建设还没有完全到位，担保公司、资产评估公司、信用评级公司等中介服务型机构缺乏，在一定程度上制约了农村金融服务改革和创新，金融资源向农村配置还存在诸多障碍。中央的优惠政策和支持资金效率不高，相关配套政策亟待推进，尤其是存款保险、农业保险和其他财政扶贫政策等配套措施不到位，影响了农村金融机构的商业可持续性。

（二）农村抵押担保物缺乏，制约着农村金融的发展

农村地区贷款难、成本高问题很突出。在当前的土地管理制度

下，金融机构只能将法律法规不禁止、产权归属清晰的各类资产作为贷款抵质押物。农村产权改革，农村资源的信息登记、资产评估与市场流转等配套条件亟待完善。

（三）农村金融市场竞争显著不充分

一方面，商业银行分支机构在县域的大量撤出，导致农村地区金融市场缺乏竞争。另一方面，政府对农村地区实行严格的金融管制，抑制了金融市场的发展。解决小微企业贷款难的问题离不开一个鼓励金融创新、有效监管的金融体系。从国际经验看，要给中小企业提供更好的金融服务，还是需要多一些中小金融机构。我国监管部门对金融机构监管过严、过细，市场准入条件十分严格，金融创新严重不足，有效竞争的农村金融市场尚未形成。

（四）农村金融监管资源配置不足，差别化监管制度安排有待完善

农村中小金融机构数量多、差异大，农村金融监管资源配置不足，一定程度上影响了监管的有效性。针对农村金融与城市金融之间、农村金融机构之间差异程度扩大的现象，农村金融差别化监管制度有待进一步完善。

五、未来农村金融改革的思路与对策

经过多年的改革和发展，各类涉农金融机构定位逐步明确，涉

农贷款规模不断扩大，但是，服务体系不完善，为农民提供的金融服务严重不足，农民贷款难、成本高问题没有从根本上解决。农村金融体系中源自传统管理体制的弊端没有解决，农村金融体制高度集中，机构设置单一化，管理体制行政化。

农村金融改革是一个系统工程，仅仅依靠农村信用社的改革是不可能成功的。随着农业向规模化、专业化、组织化和市场化发展，以及城镇化的推进，金融机构需要重新评估农村金融的需求和供给问题。开放农村金融市场是解决问题的关键。多元化的农村金融需求需要多种形式的农村金融组织形式去满足。完善农村金融机构治理结构必须要有市场竞争。有效监管也必须要有竞争的市场。下一阶段的改革，要完善农村金融市场体系，改善金融监管体制，完善金融机构治理结构，加强政策支持。

（一）完善农村金融市场体系

在加强监管的前提下，允许民间资本发起设立中小型银行等金融机构。针对农村金融机构种类多、金融交易成本高、缺乏抵押担保物、风险高的特点，推动农村金融市场利率改革。支持包括林权抵押、宅基地抵押、土地承包经营权抵押等各类金融创新，解决抵押担保品缺乏问题。重视非正规金融的作用，将非正规金融纳入到农村金融体系中。加快发展农业保险，提高承保覆盖率。完善保险经济补偿机制，健全农业再保险体系，建立巨灾保险制度。加强农产品期货市场建设。

（二）加快构建普惠金融体系

相对于发达地区来说，欠发达地区不同程度存在金融基础设施薄弱、金融服务供给不足等问题，尤其是小微企业、农村经济的金融服务还有很大的提升空间，单纯的商业性金融难以满足其发展需要，应从欠发达地区金融需求特征出发，建立多层次、多主体的金融服务体系，即建立正规金融和非正规金融并存、商业性和政策性并存的包容性金融体系，即普惠金融体系。

一是提高金融普惠水平，扩大金融服务覆盖面。逐步消灭零金融机构和零金融服务的空白乡镇，加快"两点两机"建设（即便民简易网点、定时定点服务，安装 POS 机、ATM 机）。改善传统农区的小额信贷服务。扩大小额信用贷款，提高农户授信额度。推行联合增信方式，通过农户联保或行业协会成员之间互保的方式，解决农户抵押担保能力不足问题。开展与订单农业相结合的农村信贷产品创新。发展手机银行等新技术，提供便利、成本低的农村金融服务。开展农村危房改造贷款、妇女就业小额担保贷款、高校毕业生创业贷款、农民工返乡创业贷款等产品服务方面的创新和应用。

二是加强基础设施建设，优化小微企业金融生态。金融基础设施特别是征信体系建设，是金融有效支持小微企业的基础。要进一步加强征信体系建设，改善欠发达地区社会信用环境，增强金融吸引力。要继续完善支付体系、评级机构、中介服务等相关金融基础设施，降低交易成本、扩大服务规模和深度，为小微企业提供高效、低成本的金融服务。

三是完善配套政策和措施，创造有利于小微企业金融服务的政策环境。完善小微企业信贷考核体系，鼓励和引导银行业金融机构加大对小微企业的信贷支持。加大对小微企业政策支持力度，包括税收奖励、融资担保扶持等政策。

（三）改善农村金融监管体制

改善监管协调机制，界定中央和地方金融监管职责和风险处置责任。在中央层面，银监会负责农村金融机构的准入。在地方层面，可以将地方金融办改为地方金融监管局，负责农村金融机构的日常监管。健全监管体系，针对农业和农村中小企业贷款以及农村中小金融机构的特点，探索建立差异化的监管技术和制度。完善金融机构市场化退出机制，建立存款保险制度，对不同经营质量的金融机构实行差别费率。

（四）完善农村金融机构治理结构

区别对待农行、农发行、邮储和农村信用社的改革，核心是完善治理结构。

"三农事业部"无法解决服务"三农"和追求赢利的矛盾，建议允许私人资金进入农业银行的县域机构，允许农业银行在不同的地方成立不同股权结构的分支机构，使基层分支机构成为真正的利润中心，加强对当地的金融服务。

农发行的政策性业务可以先核定成本，再进行该项业务或服务的招投标，对农发行按商业化机构进行考核，降低可能由政策性业务造成的道德风险。

邮储的公司治理需要完善，建议引入多元化股权，利用网点优势，扩大涉农业务范围，使其在农村地区吸收的资金更多地留在农村。

推进农村信用社股份制改造，完善治理结构。把农村信用社改造成为产权明晰的社区性金融机构，确保其服务方向不改变、信贷资金不外流。按照政企分开的原则，处理好省联社与基层法人社的关系，维护县（市）社法人地位的稳定，强化基层社服务"三农"的能力。引入民间资本重组农村信用社是农村金融改革也是农村信用社改革的必由之路。农业银行允许私人资本进入县域机构，允许在不同地方成立不同股权结构的分支机构，进行属地化，职工变成股东，充分调动积极性。农信社也是如此，应允许一部分股东逐步拥有相对控股的位置，将责权利统一于股东，由股东选择符合任职资格的经营者，并立法对主要股东或控股企业进行监管，防止大股东掏空信用社。

（五）加强农村金融政策支持

政府对涉农金融业务的引导和激励仍不足，应通过税收优惠、财政贴息、担保、财政补助等手段，改善农村金融资源配置，包括：定向实行税收减免和费用补贴，引导各类金融机构延伸和发展对农村的金融服务；对涉农贷款比较高的农村金融机构制定更为优惠的存款准备金政策，增加主产区支农再贷款额度；完善农业信贷风险补偿机制。

执笔：李青

参考文献

［1］中国人民银行农村金融服务研究小组．中国农村金融服务报告2012．北京：中国金融出版社，2013

［2］谢平，徐忠．新世纪以来农村金融改革研究．北京：中国金融出版社，2013

［3］汪小亚等．农村金融改革：重点领域和基本途径．北京：中国金融出版社，2014

［4］范迪军．家庭承包制视角下农户合作金融制度研究．北京：中国经济出版社，2011

专题报告四
促进城乡公共资源均衡配置

一、城乡公共资源均衡配置取得重要进展

（一）研究范围的界定

公共资源有广义与狭义之分。广义上，公共资源是指那些没有明确所有者，人人都可以自由获得、免费利用的资源。一般来说，包括自然资源和公共社会资源。自然资源主要是水资源、土地资源、森林资源、海洋资源、气候资源、矿产资源，以及其他各种动植物资源等。公共社会资源是指除自然资源以外，用于公共服务的资源，如图书馆、学校、医院、城市道路、城市公园、路灯、桥梁等，这些公共设施和公共物品是人们长期生活积累创造的为公众所共有的财产，它能为人民群众的生存和发展创造必要的条件，是关系社会公共利益、人民群众生活质量、国民经济和社会可持续发展的资源。本报告研究的城乡公共资源，是指狭义的公共资源，主要是指公共社会资源，具备公共物品或准公共物品的属性。这些社会公共资源的形成，实际上是公共资源配置的结果，而用来配置的公

共资源，最重要的则是公共财政资源。

（二）促进城乡公共资源均衡配置的政策脉络

长期以来，我国实行"农业为工业做积累、农村为城市作贡献"的发展战略，通过优先发展工业和城市，来打破低水平循环，在经济发展和城市建设方面取得了巨大成就。然而，长期实施这种发展战略导致农业基础设施长期薄弱、农业比较效益低下、粮食等重要农产品的生产得不到有力保障，农村地区的经济发展长期滞后，农民增收乏力，城乡经济社会发展差距进一步拉大等诸多问题。改变这种局面，既需要推动城乡之间要素平等交换，也需要促进城乡之间公共资源均衡配置。

新世纪以来，党和政府高度重视城乡之间公共资源均衡配置问题，对公共资源均衡配置的认识也在不断拓展与深化。2002年，党的十六大报告首次提出要统筹城乡经济社会发展。2003年，党的十六届三中全会《决定》进一步提出了"五个统筹"的改革发展要求。2004年，在党的十六届四中全会上的讲话中，胡锦涛同志阐述了"两个趋向"的重要论断。2007年，党的十七大报告指出，要建立以工促农、以城带乡长效机制，形成城乡经济社会发展一体化新格局；加快建立覆盖城乡居民的社会保障体系、公共卫生服务体系。2008年，党的十七届三中全会《决定》指出，要促进公共资源在城乡之间均衡配置、生产要素在城乡之间自由流动，推动城乡经济社会发展融合。2012年，党的十八大报告进一步提出，加快完善城乡发展一体化体制机制，着力在城乡规划、基础设施、公共服务等方面推进一体化，促进城乡要素平等交换和公共资源均衡配置。2013 年，中央 1 号文件提出，在农村基础设施建设、农村社会事业、农业转移人口市民化、农村生态文明建设等方面积极推进城乡公共资源均衡配置，明确了城乡公共资源均衡配置的方向和领域。2013 年，党的十八届三中全会《决定》再次强调，要推进城乡要素平等交换和公共资源均衡配置。

城乡公共资源均衡配置的重点在于公共财政覆盖农村。近十年国家财政收入增长很快，国家也有财力推进公共服务覆盖农村。2003 年，我国财政收入达到 2.17 万亿元，人均财政收入为 1680 元；2012 年，财政收入高达 11.72 万亿元，人均财政收入达到 8500 元。经济发展水平不断提高、财政收入快速增加，为公共财政覆盖农村奠定了坚实基础。

（三）公共财政覆盖农村进入新阶段

公共财政覆盖农村，其内涵就是公共财政覆盖农村的公共产品与公共服务。新世纪以来，公共财政覆盖农村公共产品与公共服务，首先是覆盖农村的纯公共产品和公共服务，如农业基础设施建设、粮食综合生产能力建设、农村公益公共设施、生态环境保护、农村抗灾救灾、农村扶贫开发等。

随后，随着对城乡公共资源均衡配置的认识的不断拓展与深化，公共财政进一步深入覆盖农村。除了纯公共产品和公共服务之外，公共财政也逐步覆盖农村准公共产品和公共服务，广度在不断拓展，深度也在不断增加。我们把 2003 年以来公共财政覆盖农村分为两个阶段。

1. 公共财政覆盖农村初步确立阶段（2003 年至 2006 年）

在 2003 年 1 月召开的中央农村工作会议上，胡锦涛同志提出把解决好"三农"问题作为全党工作的重中之重。2004 年、2005 年和 2006 年的中央 1 号文件都明确提出，坚持工业反哺农业、城市支持农村和多予少取放活的方针。与此同时，中央政府各个部门积极行动，出台一系列重大政策举措，加大城乡公共资源均衡配置力度。这些举措主要体现在"多予、少取"。

一是多予。国家调整公共财政资源的分配格局，加大对"三农"的投入，逐步实现公共财政覆盖农村。这一时期，国家财政主要是针对农村纯公共产品和公共服务进行投入，主要支持农业生产和农村税费改革。这两项支出累计比例高达 80%。其他的还包括逐步开展良种补贴、粮食直补、农机购置补贴和农资综合直补，主要农产品储备和利息支出，退耕还林、退牧还草、天然林保护等补贴。

从具体分项来看。2003～2006 年中央财政"三农"支出中，最多的是支持农业生产，累计支出高达 6782.5 亿元，占同期中央财政用于"三农"总支出的 60.9%。尤其是在 2004 年，中央财政"三农"支出中支持农业生产的比例高达 64.5%。其次，支持农村税费改革。自 2003 年全面推进农村税费改革试点工作后，2003～2006 年中央财政支持农村税费改革支出累计达到 2273.1 亿元，占同期中央财政用于"三农"支出的 20.4%。这两项支出累计为 81.3%（见表 1）。

值得注意的是，这一阶段国家财政对农民的补贴政策逐步完善。一是良种补贴。2003 年，中央财政安排 3 亿元实施良种补贴，并在 2004 年对河北等 13 个粮食主产省的水稻、小麦、玉米、大豆等品种实行了良种补贴，补贴资金大幅度提高到 28.5 亿元。2006 年进一步提高到 41.5 亿元。二是粮食直补。2003 年，中央财政在安徽、吉林、湖南、湖北、河南、辽宁、内蒙古、河北、江西等九个省份进行了对种粮农民直接补贴的试点。2004 年进一步扩大到 29 个省（区、市），粮食直补资金提高到 116 亿元，并在 2006 年提高到 142 亿元。三是农机具购置补贴。2004 年，中央财政对中央直属垦区和 66 个粮食主产县购置大型农机具实施补贴，当年落实 8000 万元，2005 年提高到 3 亿元，并在 2006 年提高到 6 亿元。四是农资综合直补。2006 年，国家从石油特别收益金中安排 120 亿元对种粮农民农资价格上涨进行补偿，从此开始对种粮农民实施农资综合直补。在这几年里，国家对农民的补贴从无到有，补贴覆盖面、补贴力度都在逐步加大。

二是少取。国家在"多予"的同时，逐步减免农业税，实施"少取"政策。据统计，2004 年，全国共减免农业税任务 30 亿元，其中，中央财政补助 15 亿元。2005 年 12 月 29 日，第十届全国人大常委会第 19 次会议经表决决定，《农业税条例》自 2006 年 1 月 1 日起废止。与农村税费改革试点前的 1999 年相比，2006 年全国农民减轻负担 1250 亿元，人均减负 140 元。

2. 公共财政深入覆盖农村阶段（2007 年至今）

2007 年，党的十七大报告提出了形成城乡经济社会发展一体化新格局的要求，强调要逐步建立城乡统一的公共服务制度。从此之后，公共财政覆盖农村的广度和深度发生转折性变化，进入了新的阶段。主要标志是，公共财政除了保持对农业生产和各项农业事业费的支出，以及进一步完善粮食、良种、农机具和农资四项补贴之外，明显加大了对农村准公共产品和公共服务的投入，主要是支持农业社会事业，包括农村教育、医疗卫生、社会保障、就业、文化等方面的发展，中央财政新增教育、卫生、文化等公共事业支出也主要用于农村。从总体上看，2007 年以来中央财政农村社会事业发展支出快速提高。2007 ~ 2013 年，中央财政用于农村社会事业发展支出累计达到 23928.1 亿元，超过中央财政支持农业生产的支出，成为中央财政"三农"支出中的最大一项（见表 1）。从全国财政"三农"支出来看，2009 年，全国财政支持农村社会事业发展支出高达 10773.1 亿元，比同期农业生产支出 7013.1 亿元的水平高出 53.6%；2011 年，全国财政支持农村社会事业发展支出高达 16240 亿元，比同期农业生产支出 10393 亿元的水平高出 56.3%。可见，无论是从中央财政"三农"支出，还是从全国财政"三农"支出看，农村社会事业发展成为最重要的支出项目，公共财政覆盖农村教育、医疗和养老等事业在逐步深化。

一是农村教育方面。2006 年，西部地区全部免除农村义务教育阶段学生学杂费，同时对家庭经济困难学生免费提供教科书，并补助寄宿生生活费。2007 年中央财政拿出 364.8 亿元，同时地方财政也支出 323 亿元，全面实施农村义务教育经费保障机制改革，对全国农村义务教育阶段学生全部免除学杂费，全部免费提供教科书，对家庭经济困难寄宿生提供生活补助，提高中小学公用经费和校舍维修经费补助标准。这些举措表明，公共财政将农村义务教育全面纳入保障范围。自 2007 年起，中央财政对农村教育的支出稳步提高，并在 2011 年提高到 859.1 亿元。

表1　2003～2013 年中央财政支持"三农"项目结构

单位：亿元

年份	中央财政"三农"支出	农村税费改革支出	农村公共产品与服务投入						准公共产品与服务投入	
			纯公共产品与服务投入				主要农产品储备费用和利息支出	占比（%）	农村社会事业发展	占比（%）
			支持农业生产	占比（%）	四项补贴	占比（%）				
2003	2143.7	305.0	1134.9	52.9	3.0	0.1	—	—	—	—
2004	2626.0	524.1	1693.8	64.5	145.2	5.5	—	—	—	—
2005	2975.0	662.0	1792.4	60.2	173.7	5.8	—	—	5.4	—
2006	3397.0	782.0	2161.4	63.6	309.5	9.1	—	—	197.3	—
2007	4318.3	—	1801.7	—	513.6	11.9	—	—	478.8	—
2008	5955.5	—	2260.1	37.9	1030.4	17.3	576.2	9.7	2072.8	34.8
2009	7253.1	—	2679.2	36.9	1274.5	17.6	576.2	7.9	2733.2	37.7
2010	8579.7	—	3427.3	39.9	1225.9	14.3	576.2	6.7	3350.3	39.0
2011	10497.7	—	4089.7	39.0	1406.0	13.4	620.5	5.9	4381.6	41.7
2012	12387.64	—	4785.05	38.6	1643	13.3	620.5	5.0	5339.09	43.1
2013	13799	—	5426.83	39.3	1700.6	12.3	620.5	4.5	6051.1	43.9

数据来源：历年《中国农业年鉴》，历年《中国财政年鉴》，历年《中央和地方预算执行情况与中央和地方预算草案的报告》。其中，2013 年数据根据《关于2012 年中央和地方预算执行情况与2013 年中央和地方预算草案的报告》整理。

二是农村医疗卫生方面。2002 年《中共中央国务院关于进一步加强农村卫生工作的决定》颁布之后，2003 年各省（区、市）开始新型农村合作医疗制度试点，初期个人缴费 10 元，集体补助 10 元，财政补助 10 元。随后几年，新农合制度覆盖面逐步扩大，筹资标准和财政补助逐步提高。2013 年，国际进一步提高新型农村合作医疗的财政补助标准，每人每年达到 280 元。筹资水平提高后，农民看病负担进一步减轻。

三是农村社会养老方面。2009 年开始新型农村社会养老保险试点，当年中央财政补助 10.8 亿元，在 320 个县开展试点。2010 年，中央财政补助资金 120 亿元，全国新型农村社会养老保险试点覆盖面达到 24%。2011 年，新型农村社会养老保险试点范围扩大到 40% 的县。2012 年，实现新型农村社会养老保险制度全覆盖。

二、城乡公共资源均衡配置面临的主要问题

（一）公共财政城市偏向尚未根本改变

2003 年以来，公共资源从很少覆盖农村、农村公共物品靠农民自筹，向覆盖纯公共物品转变，再向准公共物品转变，城乡公共资源均衡配置取得较大进展。但从统计数据看，我国城乡公共资源配置不均衡问题仍然非常突出。

一是从中央财政收入统筹用于"三农"的比例来看，目前仍然偏低。尽管新世纪以来，党和政府对"三农"问题高度重视，但在统筹使用财政收入中，中央财政对"三农"的重视仍显不足。2003

年中央财政"三农"支出占中央财政决算收入的比例只有18.1%，之后几年比例变化不大，甚至在2007年下降到15.6%。到了2013年，这个比例也只有23%（见表2）。

表2　　　　　2003～2013年中央财政"三农"支出　　　单位：亿元

年份	中央财政决算收入	中央财政"三农"支出	"三农"支出占比（%）
2003	11865.27	2143.7	18.1
2004	14503.10	2626.0	18.1
2005	16548.53	2975.0	18.0
2006	20456.62	3397.0	16.6
2007	27749.16	4318.3	15.6
2008	32680.56	5955.5	18.2
2009	35915.71	7253.1	20.2
2010	42488.47	8579.7	20.2
2011	51327.32	10497.7	20.5
2012	56175.23	12387.6	22.1
2013	60060	13799	23.0

数据来源：历年《中国农业年鉴》，历年《中国财政年鉴》，2004～2012年《中央和地方预算执行情况与中央和地方预算草案的报告》。其中，2013年数据根据《关于2012年中央和地方预算执行情况与2013年中央和地方预算草案的报告》整理。

二是从全国财政"三农"支出占比来看，也明显偏低。尽管全国财政"三农"支出逐年增加，但是占国家财政决算支出的比例仍然偏低。2008年只有25%，之后缓慢上涨，到2012年也只有27.5%。考虑到全国财政"三农"支出覆盖了全国47.73%的农村常住人口（按照2012年全国城镇化率52.57%计算），全国财政"三农"支出占国家财政决算支出的比例过低。尤其需要注意的是，尽管2008～2012年全国财政"三农"支出的金额逐年增加，但增长幅度在降低（见表3）。

表3		2008~2012年全国财政"三农"支出情况		
年份	国家财政决算 支出（亿元）	全国财政"三农" 支出（亿元）	占比（%）	全国财政"三农" 支出增长率（%）
2008	62592.66	15633.5	25.0	—
2009	76299.93	20042.6	26.3	28.2
2010	89874.16	24213.4	26.9	20.8
2011	109247.79	29342	26.9	21.2
2012	125952.97	34624	27.5	18.0

数据来源：2004~2012年《中央和地方预算执行情况与中央和地方预算草案的报告》。其中，2012年全国财政"三农"支出金额为估算值。

（二）城乡公共服务制度框架和水平差距很大

无论是从中央财政"三农"支出，还是从全国财政"三农"支出看，农村社会事业发展已成为重要的支出项目。但由于中央财政"三农"支出和全国财政"三农"支出比例偏低，以及"三农"支出中相当部分用于农业农村基础设施建设和农业生产能力发展等方面（2013年这个比例是56.1%），农村居民转移支付、教育、医疗和养老等社会公共服务水平很低，制度很不完善，城乡基本公共服务不均衡状况突出。

一是政府对城乡居民的转移支付差距巨大。虽然资源配置进一步均等化，但是，政府对居民的转移支付主要包括政府对个人支付的离退休金、失业救济金、各种补贴、赔偿等。总体看来，目前城乡居民转移支付收入差距巨大。1999年至2012年，农村居民人均转移性收入迅速提高，从114.1元提高到833.2元，提高了6.3倍。农村居民转移性收入占年总收入比例从3.8%提高到7.6%，占比提高一倍。同期，城镇家庭平均每人全年实际收入中转移性收入从1257.2元提高到6368.1元，尽管只提高了4.1倍，但是，由于城

镇居民转移性收入基数比农村居民大很多，实际提高的金额要高得
多。2012 年，城镇居民转移性收入仍然是农村居民转移性收入的
7.6 倍，农村居民获得的转移支付还达不到城镇居民 1999 年的水平
（见表4）。

表4　　　　　　　1999～2012 年城乡居民转移性收入比较

年份	农村居民家庭			城镇居民家庭			城镇居民转移性收入/农村居民转移性收入
	人均收入（元）	人均转移性收入（元）	转移性收入占比（%）	人均收入（元）	人均转移性收入（元）	转移性收入占比（%）	
1999	2987.4	114.1	3.8	5864.7	1257.2	21.4	11.0
2000	3146.2	147.6	4.7	6295.9	1440.8	22.9	9.8
2001	3306.9	162.8	4.9	6868.9	1630.4	23.7	10.0
2002	3448.6	177.2	5.1	8177.4	2003.2	24.5	11.3
2003	3582.4	143.3	4.0	9061.2	2112.2	23.3	14.7
2004	4039.6	160.0	4.0	10128.5	2320.7	22.9	14.5
2005	4631.2	203.8	4.4	11320.8	2650.7	23.4	13.0
2006	5025.1	239.8	4.8	12719.2	2898.7	22.8	12.1
2007	5791.1	290.0	5.0	14908.6	3384.6	22.7	11.7
2008	6700.7	396.8	5.9	17067.8	3928.2	23.0	9.9
2009	7115.6	483.1	6.8	18858.1	4515.5	23.9	9.3
2010	8119.5	548.7	6.8	21033.4	5091.9	24.2	9.3
2011	9833.1	701.4	7.1	23979.2	5708.6	23.8	8.1
2012	10990.7	833.2	7.6	26959.0	6368.1	23.6	7.6

数据来源：中经数据库。

　　二是城乡教育保障差距仍然较大。尽管统计数据显示，国家财
政对农村教育投入力度在持续加大，农村学校人均教育经费不断提
高，但是农村教育仍然面临一系列问题。第一，农村中小学集中办
学导致上学成本增加。2004 年以来，我国农村普通小学学校数量持
续减少。根据中经网数据，2010 年我国农村普通小学减少为 21 万
所，约比 2004 年减少 12.4 万所，减少 37.1%，由此带来农村儿童

上学成本大幅度增加。第二，农村学校基本建设投入偏低，比如，2009年我国城市、县镇小学4.6万所（其中城市1.64万所），基本建设支出29.1亿元，校均6.32万元；而农村小学23.4万所，基本建设支出为43.3亿元，校均1.85万元，只有城市、县镇小学的29.2%。第三，农村中小学设备设施极其落后。据调研，部分老少边穷地区的中小学校基本没有电脑等现代化教学设备，没有图书馆、体育健身设备设施；这些学校教工和学生宿舍危房问题突出，亟待修缮改造。

三是农村医疗保障起步晚，城乡保障水平差距大。根据财政部统计数据，新型农村合作医疗保险人均筹资水平较低，2011年只有246.2元；报销比例较低，全国大部分地区新农合住院费用报销比例约为50%，低于城镇职工医保报销比例。

四是农村养老保障补助低、基数低、水平低，城乡养老保障差距巨大。直到2009年，我国才在农村开展社会养老保险试点工作。2012年，全国实现新型农村社会养老保险制度全覆盖，但是仍然面临补贴低、缴费标准低、养老金低的问题。第一，补助低。2010年，全国财政对新型农村社会养老保险补助资金120亿元，只占当年社会保障和就业支出3784.99亿元的3%。第二，基数低。国家统计局数据显示，2011年新型农村社会养老保险试点参保人数为32643.5万人，新型农村社会养老保险试点基金收入1069.7亿元，分配到个人平均只有327.7元/年。比较而言，2011年城镇基本养老保险基金收入16894.7亿元，城镇职工参加养老保险人数28391.3万人，人均高达5950.7元/年，是新型农村社会养老保险基数的18.2倍。第三，水平低。据国家统计局数据，2011年新型农村社会养老保险试点基金支出 587.7 亿元，达到领取待遇年龄参保人数 8921.8 万人，人均领取 658.7 元。2011 年城镇基本养老保险基金支出 12764.9 亿元，离退人员参加养老保险人数 6826.2 万人，人均养老金 24749.8 元，是新型农村社会养老保险的 37.6 倍，差距巨大。

根据 2009 年发布的《国务院关于开展新型农村社会养老保险试点的指导意见》，养老金是由基础养老金和个人账户养老金组成的，农民个人账户缴费标准设为每年 100 元、200 元、300 元、400 元、500 元 5 个档次，地方政府对参保人缴费给予补贴，补贴标准不低于每人每年 30 元；而基础养老金则由中央确定，标准为每人每月 55 元。农民个人账户养老金的月计发标准为个人账户全部储存额除以 139（与现行城镇职工基本养老保险个人账户养老金计发系数相同）。农民个人连续缴费 15 年，年满 60 周岁开始领取养老金。按照 2013 年 5 年定期存款利率 4.75% 计算，在 15 年之后，农民最高每月能够领取 139.6 元养老金，最低每月只能领取 75.7 元（见表 5）。

表 5　　　　农民养老金缴费档次及养老金实际领取金额测算

农民个人账户缴费标准（元/年）	地方政府补贴（元/年）	存款利率（%）	月计发标准（元）	基础养老金（元/月）	实际领取养老金（元/月）
100	30	4.75	20.7	55	75.7
200	30	4.75	36.7	55	91.7
300	30	4.75	52.7	55	107.7
400	30	4.75	68.6	55	123.6
500	30	4.75	84.6	55	139.6

数据来源：本报告整理。

（三）农业农村基础设施建设和维护的筹资机制不健全

农业农村基础设施是农业农村发展必不可少的基础性条件，其重要性不言而喻。加强农村地区的基础设施建设，对促进农业生产的发展，提高农民的生活水平，缩小城乡居民收入差距，促进城乡公共资源均等化具有重要的作用。从理论上说，农业农村基础设施建设和维护的筹资主体应包括政府、金融机构、村集体、民间资本和农民个人等。但实际上，"农民的事情农民办"是农民负担重的重要原因。

一是政府对农业农村基础设施建设投资力度逐年降低。农业农村基础设施建设和发展，其瓶颈在于建设资金的筹措。而总体看，我国农村地区基础设施建设的融资方式主要是依靠政府部门，在农村基层政府部门普遍缺乏建设资金的条件下，尤其依赖中央财政的投资，形式较为单一。并且，由于事权无限下移，加重了基层财政困难，国家对农业农村基础设施建设投入的力度在不断降低，造成了农业农村基础设施建设状况更加难以改善。从数据看，2003～2005 年，尽管中央财政对农业农村基础设施建设投入在不断增加，但是比例在逐步降低。2003 年农业农村基础设施建设投入占中央财政"三农"支出的比例为 30.1%，而到了 2005 年，则小幅度降低到 27.3%。2005 年之后，中央财政对农业农村基础设施建设投入下降到 530 亿元，由于当年中央财政"三农"支出大幅度上升，农业农村基础设施建设投入占中央财政"三农"支出的比例大幅度下降到 15.6%，尽管在 2008 年占比上升到 19.1%，但是在此之后，比例逐年降低到 15% 左右（见表 6）。可见中央财政对农业农村基础设施建设投入的力度在不断降低。

表6　　　　　　　2003～2012年中央财政农业农村基础设施投入

年份	中央财政决算收入（亿元）	中央财政"三农"支出（亿元）	中央财政农业农村基础设施建设投入		
			总额（亿元）	占中央财政"三农"支出比例（％）	占中央财政决算收入比例（％）
2003	11865.3	2143.7	646.0	30.1	5.4
2004	14503.1	2626.0	741.0	28.2	5.1
2005	16548.5	2975.0	812.8	27.3	4.9
2006	20456.6	3397.0	530.0	15.6	2.6
2007	27749.2	4318.3	646.0	15.0	2.3
2008	32680.6	5955.5	1137.6	19.1	3.5
2009	35915.7	7253.1	1168.7	16.1	3.3
2010	42488.5	8579.7	1352.0	15.8	3.2
2011	51327.3	10497.7	1575.4	15.0	3.1
2012	56175.2	12387.64	1654.0	13.4	2.9
累计	309710.0	60133.6	10263.5	17.1	3.3

　　　数据来源：根据中经数据库、历年《中央和地方预算执行情况与中央和地方预算草案的报告》，以及公开资料整理。

　　二是金融机构参与农业农村基础设施建设投资面临很多困难。农业农村基础设施属于公共物品的范畴，其投资具有周期长、风险高、收益较低等特征，蕴含较高风险，并且农业农村基础设施产权模糊，主体不清，给投资带来不确定性。从商业银行来看，四大国有商业银行出于降低风险、追求利润的考虑，都在收缩其在农村的机构，渐渐撤出农村市场，只有农业银行对农村还有一定的支持。中国建设银行对特定地区的新农村建设也有一定支持，但是总体力度很小。并且，农村金融机构普遍缺乏农业农村基础设施贷款管理的规章制度和操作细则，加上国家也尚未出台农业农村基础设施项目建设招投标办法、农业农村基础设施建设监督管理办法等配套的法律法规体系等，使得商业银行的支持日渐减少。从政策性银行看，农业发展银行与农村有一定的联系，但业务多集中在粮棉油收购资金的管理上，对农业农村基础设施的投资也很少。国家开发银行虽然以基础设施融资为主要投资方向，但是它的贷款额较大，不太适应较为分散、投资较小的农业农村基础设施投资格局。并且国开行一般要求政府提供反担保，而农村地区财政往往比较紧张，提供担保较为困难，政策性银行的支持也明显不足。从农村信用社看，农村信用社兼备商业性和政策性金融机构的特点。农村信用社的机构数量、存款余额、贷款余额在农村投融资中起着重要主导作用，为农村基础设施的建设提供了相当数量的资金来源。但农村信用社规模较小，无法独立为农村基础设施建设提供长期、稳定、大量的资金。

三是村集体投资农业农村基础设施建设力不从心。村集体是农业农村基础设施投资的重要来源，但是村集体的投资在很大程度上取决于村集体的经济实力。据农业部经管司统计数据，全国 2011 年村集体薄弱村（没有经营收益或者经营收益在 55 万元以下的村）占比高达 79.1%。其中无经营收益的村高达 31 万个，占全部 58.9 万个村的一半以上。东部比较发达的地区，村级集体收入较高、来源广泛。比如，2010 年江苏省村级集体经营性收入为 194.91 亿元，村均 106.98 万元，其中，苏南地区村级集体经营性收入为 136.37 亿元，村均收入 296.07 万元。村集体实力雄厚，可以较好地投资农业农村基础设施。2011 年，东部地区村级集体经济组织自筹资金用于扩大再生产和公共服务方面投入 365.3 亿元，村均 14.8 万元。

但中部地区村集体的经济实力较差，用于扩大再生产和公共服务方面投入明显偏低。2011 年，中部地区仅为 100.8 亿元，村均只有 4.9 万元；西部地区 72.5 亿元，村均仅 5.3 万元。

四是社会资本投资农业农村基础设施建设尚未起步。部分属于农村准公共物品的基础设施建设，比如，中小型水利工程、农业科技教育、农技推广和农业机械推广、农村电力、节水农业，既有社会效益，生产者个人也可以受益，这些带有一定经营性的基础设施，完全可以吸引社会资本甚至外资参与。但在这方面，农村基本上还没起步。

（四）粮食主产区人均财力明显偏低的状况难以改变

据统计，我国粮食主产县（区）经济发展水平、财力状况明显偏低。一是粮食产量越集中，经济发展水平越低。根据《2010 年中国区域经济统计年鉴》数据，全国粮食产量排名前 500 个县，只占全国县（区）数量的 22.1%，但粮食产量占到全国的 61.5%，而人均 GDP 只有全国平均水平 29940 元的 71.6%。全国粮食产量排名前 200 个县，只占全国县（区）数量的 8.9%，但粮食产量占到全国的 36.2%，人均 GDP 也只有全国平均水平的 71.6%，比前 500 个略低。全国粮食产量前 100 个县，只占全国县（区）数量的 4.4%，但粮食产量占到全国的 23.1%，人均 GDP 大幅度下降到平均水平的 56.5%。全国粮食产量前 50 个县，只占全国县（区）数量的 2.2%，但粮食产量占到全国的 14.5%，人均 GDP 进一步下降到平均水平的 54.7%（见表8）。

二是粮食产量越集中，人均财力越低，对转移支付的依赖越高。根据2010年数据，全国粮食产量前500个县，人均财政一般预算收入只有894.8元，只占全国人均财政收入的14.4%；人均财政一般预算支出2369.7元，转移支付占比达62.2%。全国粮食产量前200个县，人均财政一般预算收入只有838.2元，只占全国人均财政收入的13.5%；人均财政一般预算支出2325.6元，转移支付占比高达64%。全国粮食产量前100个县，人均财政一般预算收入只有661.8元，只占全国人均财政收入的10.7%；人均财政一般预算支出2228.2元，转移支付占比高达70.3%。全国粮食产量前50个县，人均财政一般预算收入只有538.4元，只占全国人均财政收入的8.7%；人均财政一般预算支出2164.6元，转移支付占比高达75.1%（见表8）。

表8　　　　2010年全国产粮县（市、区）经济发展和财力状况

项目	县（区）数量	县（区）数量占比（%）	粮食产量（万吨）	人均GDP（元）	人均财政一般预算收入（元）	人均财政一般预算支出（元）	对转移支付的依赖情况（%）
全国所有地区	—	—	54641	29940	6201.6	6684.7	—
全国所有产粮县（区）	2258	100	52544.58	26290.8	1261.5	3035.2	58.4
粮食产量前500个县合计	500	22.1	33609.87	21451.8	894.8	2369.7	62.2
粮食产量前200个县合计	200	8.9	19761.94	21443.1	838.2	2325.6	64.0
粮食产量前100个县合计	100	4.4	12619.72	16921.6	661.8	2228.2	70.3
粮食产量前50个县合计	50	2.2	7922.68	16377.0	538.4	2164.6	75.1

数据来源：根据《2010中国区域经济统计年鉴》等整理。

三、进一步促进城乡公共资源均衡配置的政策建议

（一）构建有利于城乡基本公共服务均等化的财力保障机制

一是理顺省以下事权和支出责任管理体制。在"财权上缴、事权下放"的情况下，理顺省以下事权和支出责任管理体制的关键是完善地方政府之间收入分配制度。从发展趋势来看，要建立统一、规范的制度保障，可以考虑把由原来市本级分享的增值税、营业税和所得税收入划归省政府。而城市维护建设税、车船税、房产税（将来可能征收）划归地方政府。并且把土地出让金等与城镇化高度相关的收入，明确列为市、县、镇的收入，解决县镇财政困境。让县镇有财力增加农村公共物品，尤其是农村社会事业发展的投入，缩小城乡公共服务差距。

二是改革省级专项支付制度。部分专项转移支付资金非常分散，一项工作的转移支付可能来自数个政府部门，资金使用要求、程序和规定不尽相同，增加了地方工作的难度。部分专项转移支付层级较多，难以管理，资金使用绩效很低。因此，应该根据提高资金使用绩效，提升管理效率的原则，对于常态化的专项转移支付，通过标准化制度、制度化方法有序纳入一般性转移支付的轨道。而对于特殊专项转移支付，则可以打包切块，直接下放给地方管理。

三是建立县镇级财力保障机制。2009 年，财政部颁布了《关于推进省直接管理县财政改革的意见》，并在 2010 年颁布了《关于建立和完善县级基本财力保障机制的意见》，全国"省直管县"的

财政改革进展顺利，县级经济管理权限逐步扩大，对县乡基本财力保障的转移支付逐年加大。应进一步建立健全以县镇基本财力保障为主的评价体系，对县镇两级财政支出管理进行绩效评价，并加强相应的监督、约束与激励，引导县镇政府优化支出结构。在此基础上，省级政府以规范化转移支付的方式建立县级基本财力保障机制，对财力困难镇实行省专项补助、市统筹等办法予以保障，从而加强县镇级政府提供基本公共服务的财力保障。

（二）建立健全农业农村基础设施建设投资筹资机制

从大方向看，我国要建立长期可持续的农业农村基础设施建设和维护的筹资机制，必须吸纳金融机构、村集体、民间资本和农民个人等积极投入，必须转向政府、村集体与市场的多元化发展模式，创新基础设施筹资体制。而保障这些投入主体的利益，就必须把农业投资筹资纳入法制化轨道，制定完善的农业投资法律保障制度。发达国家和一些发展中国家成功经验表明，完善的法律法规是农业投入政策得以实现的根本保证。

（1）通过立法对金融机构给予支持和保障。要保障政策性金融机构能够为农业农村基础设施建设提供优惠的中长期贷款。从我国实际情况看，政策性金融机构的业务范围狭窄，亟须拓宽其业务范围，有效地为农村基础设施建设提供信贷支持。

（2）制定相关法律保护为农村基础设施建设服务的商业金融机构。如日本的《农林渔业金融公库法》《农林中央金库法》《农业协同组合法》等，印度的《农业中间信贷和开发公司法案》《国家农业和农村开发银行法》等，既保护了这些金融机构，同时又对他们的经营行为进行了约束。而我国，迄今还没有一部真正涉及保障农业农村投入的法律法规。投入没有保障，农业农村基础设施建设和维护不可能获得可持续的资金支持。

（3）发展农村集体经济。推进农村集体产权制度改革，发展壮大集体经济，真正让村集体"有钱办事"。在农村集体经济不断发展基础上，通过一事一议的程序，在农民自愿的前提下，吸收和聚集一部分资金用于农村交通、生活环境等公共事业的建设。

（4）支持农民与社会资本投入。走投资主体多元化之路，拓宽筹资渠道。建立政府引导，社会资金、农民广泛参与的筹资机制。应进一步深化改革，放宽民间投资甚至是外资的准入领域，通过制定各项优惠政策，鼓励、支持和引导社会资本进入农村基础设施建设的投资领域，通过调整收费、税收等方式，吸引投资，进一步调动各方面对农村基础设施建设投入的积极性，吸引更多资金。

（三）对粮食主产区予以特别关注

（1）提高粮食生产大县奖励力度。2010 年产粮大县奖励资金规模约 210 亿元，奖励县数达到 1000 多个。若按照 2010 年产粮大县排名，前 1000 个县总人口高达 65332.2 万人，占全国总人口的 48.8%，人均奖励仅有 32.1 元。前 1000 个县粮食产量 45431 万吨，占全国粮食产量的 83.1%，分摊到每斤粮食上去，每斤粮食奖励只有 2.3 分钱。2012 年，产粮大县奖励资金才 318.25 亿元，人均仍然不足 50 元；分摊到每斤粮食上去，每斤粮食奖励只有 3 分钱左右。产粮大县奖励资金对于这些财政穷县来说，真可谓杯水车薪。

（2）完善粮食主产区基本财力保障机制，逐步提高保障水平。

近期来看，调动主产区政府抓粮食生产的积极性，只能是中央财政继续加大对产粮大县的奖补力度。按照与粮食生产挂钩、与对国家粮食安全的贡献挂钩的原则，增加对主产区的一般性转移支付，完善支农资金分配和财政转移支付机制；同时按照商品粮调出量给调出地区以补偿，落实将农垦系统的产粮大场纳入中央财政对产粮大县奖励政策框架内。

执笔：伍振军

参考文献

[1] 赵云旗，申学峰，史卫，李成威. 促进城乡基本公共服务均等化的财政政策研究. 经济研究参考，2010（16）

[2] 韩俊等. 中国农村改革（2002－2012）. 上海：上海远东出版社，2012

[3] 吴宇，李巧莎. 日本、印度金融支持农村基础设施建设的经验及启示. 日本问题研究，2009（1）

[4] 徐小青，李青，伍振军. 黑龙江、吉林两省粮食形势调查. 国务院发展研究中心《调查研究报告》，2011，第180号

案例分析

案例分析一
重庆市统筹城乡综合配套改革案例分析

一、城乡统筹试验进展与总体绩效

(一) 城乡统筹试验内容与进展

2007年6月，国务院批准重庆成为全国统筹城乡综合配套改革试验区。2009年4月，重庆市综合配套改革试验总体方案获得国务院批准实施。自试验区设立以来，重庆市委、市政府按照《国务院关于推进重庆市统筹城乡改革和发展的若干意见》（国发〔2009〕3号）文件要求，认真组织实施试验总体方案，紧紧围绕"城乡经济社会协调发展、劳务经济健康发展、土地流转和集约利用"三条主线，全面推进重要领域和关键环节改革。

——以城乡经济社会协调发展为主线，通过建立圈翼互动机制促进区域平衡发展，通过培育市场主体促进多种所有制经济平等发展，推动城乡同步发展。

——以劳务经济健康发展为主线，通过农民工户籍制度改革促进城乡人口有序流动，通过建立统筹城乡社会保障体系促进城乡基本公共服务均等化，推动城乡居民同享发展成果。

——以土地流转和集约利用为主线，通过创设地票制度促进建立城乡统一的建设用地市场，通过农村"三权"抵押融资促进农村资源资本化，推动城乡生产要素流动与同权。

为了全面实施试验总体方案，重庆市委、市政府通过12项体制改革与机制创新，带动黄金定位、重大事项、重大项目和财政资金落地见效，取得重大进展。

一是以优化主体功能区布局为轴，引导产业合理布局与有序发展。科学划分功能区域，优化全市人口、产业与城镇发展布局，推进形成都市功能核心区、都市功能拓展区、城市发展新区、渝东北生态涵养发展区、渝东南生态保护发展区五大功能区。通过主城做强做大、区域中心辐射周边、区县城梯次衔接、中心镇带动乡村，完善城镇体系。按照产业集群形成发展内在规律，在远郊区县布局了一批产业链完善、规模效应明显、核心竞争力突出的产业集群。

二是建立政府财力向农村基本公共服务倾斜的投入机制，构建统筹城乡发展的公共财政框架。优化分税制财政体制，实现财力下沉，确立市与区县25∶75分配格局。确保市级以上公共服务预算增量的70%以上投向农村。加大民生投入力度，明确民生支出占全市一般预算支出的50%以上。加大对"两翼"财政转移支付，实现地区间财政资源从较发达的"一圈"向"两翼"转移。市财政对渝东南五个民族区县一般性转移支付增幅每年不低于15%，所有地方税收全部留在当地，对库区腹心区县市级只参与营业税、个人所得税部分分成，渝东北库区县和武隆等12个财力相对困难区县每年实现的市级税收增量，由市财政按 100% 定向补助，用于园区基础设施建设。

三是推进行政管理体制改革，建立统筹城乡的行政管理体系。推进政府职能转变和机构改革，编制完成《重庆市人民政府职能转变和机构改革方案》。加快事业单位分类改革，制定市属公益三类事业单位类别调整参考目录和模拟分类，在 15 个区县提前完成类别调整工作。推动经营类事业单位转企改制，已有 4 家市属经营类事业单位基本完成转企改制。做好行政类改革实施准备，拟订市属行政类事业单位改革实施方案，指导区县结合政府机构改革做好相关准备工作。启动江津区白沙镇"全国经济发达镇行政管理体制改革试点工作"。

四是深化行政审批和监管体制改革，加快政府职能转变。分两批共取消行政审批项目 82 项、下放管理层级行政审批事项 21 项、委托区县（自治县）实施行政审批项目 6 项，同时承接国务院下放行政审批项目 19 项。编制完成《重庆市工商登记制度改革实施方案》，全面清理工商登记前置审批事项，优化登记流程，积极培育市场主体。在黔江、北碚等 6 个区县试点推行微型企业工商登记制度改革，受益微型企业 1550 户。对食品药品监管体制改革涉及部门的机构、编制、人员、检测检验设备等进行清理摸底，完成机构和人员编制划转工作。及时印发新的市食品药品监管局"三定"规定，确保全面履行食品药品监管职责，做到不增加机构、编制和行政成本，实现行政资源有效整合。

五是构建区域对口帮扶制度，建立城乡经济互动发展机制。建立和完善在产业布局、社会事业发展、扶贫开发等方面"一圈"帮扶"两翼"的合作方式。引导结对双方根据受助区县的发展需求制定实物量援助计划，2007~2012 年"一圈"累计帮扶"两翼"实物量 17.6 亿元。加快产业培育，市级国有企业集团筹资 100 亿元，帮助"两翼"园区建设和筑巢引凤，前者共帮助后者引进项目 174 个，实际到位资金 112 亿元，投产项目实现利税逾 10 亿元。开展干部、教师、卫生、科技人员等挂职交流，累计交流党政干部 1221 名、教师 1635 名、医务人员 1480 名、科技人员 777 名。引导 200 对中小学校、90 对医院开展结对帮扶活动。

六是均衡城乡基本公共服务，推进城乡公共服务一体化。实施农村义务教育、村级基础医疗、乡村文化室等标准化工程，逐步从硬件上缩小城乡基本公共服务差距。在全国率先解决"普九"债务、农村代课教师等遗留问题，"两基"目标全面实现，城乡学生全部享受免费义务教育。50% 的区县初步实现区域内义务教育均衡化，全市中小学标准化覆盖率提高到 70%。累计建成寄宿制学校 2080 所，解决农村留守儿童读书难题。初中毕业生升入高中段学校比例由 81.3% 提高到 94%。在全市推行免费中职教育。实现所有区县之间高等级公路连通。有效解决 967.58 万农村居民和 158.42 万农村学校师生饮水安全问题。农网改造已实现全覆盖。农村危旧房改造和农民新村建设提升了农房品质。推进社区服务体系建设，创新社区管理服务方式，目前全市农村社区建设试点村 2108 个，社区服务站 1170 个，村级公共服务中心实现全覆盖。顺利完成全市 376 个村务公开民主管理"难点村"治理。建立村务监督委员会 8491 个、社区居务监督委员会 2286 个。

七是以覆盖城乡、有序转接为重点，健全城乡社会保障体系。

在全国率先出台征地农转非人员和城镇用人单位超龄未参保人员养老保险办法，解决了90万征地农转非人员、14万三峡库区淹没农转非移民和近20万城镇用人单位超龄未参保人员的养老保险问题，将国有关闭破产企业32.3万退休人员全部纳入城镇基本医疗保险。出台以个人身份参加城镇职工医疗保险办法，为11.29万国有企业"双解"人员和24.15万关闭破产解体集体企业退休人员参加城镇职工医疗保险开辟政策渠道。探索建立城乡居民社会养老保险制度，比全国提前一年实现全覆盖。将多部门管理医疗和养老调整为统一归口到人力社保部门管理。目前，全市居民养老保险参保人数达1124万人，375万老人平均每月领取86元养老金，居民医保参保人数达2695万人。

八是深化户籍制度改革，促进农民工融入城市。于2010年8月全面启动以农民工为重点的户籍制度改革，陆续出台46个涉及土地、社保、教育等方面的配套政策文件，基本形成完善的户籍制度改革政策体系，建立起比较顺畅的农村人口转移制度通道。实施以就业为前提的转户政策，累计超过380万农村居民转户进入城市和小城镇。把政策落地作为户籍制度改革的核心，切实保障转户居民各项待遇落实，共有超过277万转户居民参加了各类养老保险，345万转户居民参加了医疗保险，6.4万转户居民和农民工成功申请到公租房，2万人次参加了就业创业培训，对6.7万转户居民退出的2.6万亩宅基地兑付价款25.1亿元。

九是健全城乡就业创业培训机制，提升劳动者素质。建立健全市、区县、街镇、村社四级公共就业服务体系，实现全市1012个街镇劳动就业社会保障服务中心（所）和10896个村社劳动就业社会保障服务站全覆盖。建立以市人力资源市场为中心，覆盖全市的人力资源市场信息网络系统，市场信息已延伸到所有街道（乡镇）、社区和90%的行政村。加大农村劳动力就业创业培训力度，2009年以来，全市开展各类农村劳动力培训180.4万人，累计培训354.4万人。培育市级劳务品牌49个，在全市所有街道（乡镇）建立了就业和社会保障机构，有2.15万人工作队伍和万名劳务经纪人为农村劳动力提供转移就业服务。

十是加强农民工服务与管理，保障和维护农民工合法权益。健全劳动用工管理制度，建立和完善跨省（区、市）劳务合作机制和劳动者权益保护机制。制定《重庆市和谐劳动关系企业创建标准》，签署《西南四省市片区劳务合作协议》，西南四省市互设劳务输出机构和劳务维权机构，切实保护劳动者权益。2009年以来，在广东、广安等地设立25个驻外劳务办事机构，建立和完善跨省（区、市）劳务合作机制。

十一是完善土地管理制度，促进城乡用地结构优化和利益公平分配。在确保耕地保有量不减少、质量不降低前提下，在市域内探索补充耕地数量、质量按等级折算占补平衡制度，健全城乡建设用地置换和跨区域耕地占补平衡市场化机制。在国家指导下开展集体建设用地有偿使用制度改革，稳步开展农村集体经营性建设用地使用权流转和城乡建设用地增减挂钩试点。规范开展农村土地交易所土地实物交易和指标交易试验，创设地票交易制度。将闲置农村宅基地和其他建设用地复垦为耕地形成地票，在农村土地交易所公开交易。

十二是完善农地产权和流转，促进农业规模经营。自2010年初至 2011 年 6 月，全面开展农村土地确权颁证，完成了 640.2 万承包农户土地承包经营权的确认，占应确权农户总数 95.8%；新颁发农村土地承包经营权证 633.7 万册，占已确权农户总数 99.1%；确认家庭承包方式土地面积 3479.6 万亩，登记其他方式承包面积 111.4 万亩，实现了家底清、权属明、面积实、档案全和制度完善。规范农村承包地流转程序，市农委与市工商管理局联合制定下发全市统一规范的农村土地流转五种格式合同和四种格式文书，对流转行为进行规范。建立农村土地流转服务机构，促进农村土地流转，截至 2012 年末，全市有 32 个区县、795 个乡镇和 6758 个村建立了农村土地流转服务机构，有 30 个区县开展农村土地流转市场建设试点。全市共流转承包地面积 1279.9 万亩，流转率达 36.1%。除农户之间流转外，专业大户、专业合作组织、龙头企业等社会资本参与土地流转，规模经营主体呈较快发展之势，截至 2012 年末，全市农村承包地转入农民专业合作社 204.3 万亩，转入企业 248.8 万亩。

十三是向农村注入新的生产要素，推进现代农业建设。2012 年，全市推广各类补贴机具 22 万台（套），耕种收综合机械化水平达到 33% 以上。建成全国最大规模的微型农机生产基地，微耕机产销量达 70 多万台，占全国生产总量的 70% 以上。建成 10 个国家重点产粮大县、20 个国家重点生猪调出大县，初步形成一批畜禽产业聚集区。逐渐建成潼南、铜梁、璧山渝遂高速公路鲜销蔬菜产业带，涪陵、万州、石柱加工蔬菜和武隆高山蔬菜产业区。逐渐形成以大巴山脉和武陵山脉为主的 100 万亩中药材产业带，中国柑橘城为核心的柑橘产业带。全市成规模的农业产业化经营组织达 12 万个，市级以上龙头企业累计达 478 家。农民专业合作社达 1.5 万个，其中土地股份合作社超过 1600 个。建立"三权"抵押融资风险补偿和担保机制，为符合条件的金融机构"三权"抵押贷款损失部分提供 35% 的专项补偿金。成立注册资本为 30 亿元的兴农融资担保有限公司，主要为"三权"抵押提供第三方担保。

十四是探索内陆开放型经济发展模式。两江新区开发开放全面推进，北部新区及金融、会展、空港等功能板块日渐成型，水土、鱼复、龙兴等园区基础建设和集群招商同步展开。两路寸滩保税港区和西永综合保税区成为内陆重要口岸，渝新欧国际铁路联运大通道实现常态运行，重庆港转口货运量占比达到 40%。进出口总额由 2007 年的 74 亿美元增加到 532 亿美元，实际利用外资由 11 亿美元增加到 106 亿美元。对外合作交流不断扩大，与港澳台经贸合作不断加强。

十五是统筹城乡生态建设和环境保护，建设美丽重庆。健全节能减排工作机制，强化节能减排目标责任制，完善统计监测和考核实施办法，2012 年，重庆单位 GDP 能耗比 2007 年下降了 33.5%，完成了单位地区生产总值能耗比 2007 年下降 20% 的目标任务，蓝天、碧水、绿地、宁静环保行动持续推进，超额完成了国家"十一五"减排总量。加强城乡污染综合治理，防止污染企业向农村转移，控制农村面源污染。加强城镇生活污染防治及垃圾处理和再利用力度，加大水污染防治、环境质量整治和环保执法力度。强化农村面源污染治理，加强农村环境连片整治、畜禽养殖污染治理和农村土壤污染治理，农村环境质量逐步提高。森林覆盖率达到 41%，建成区绿地率达到 37.6%。

（二）改革试验的总体制度和经济绩效

到 2012 年，重庆市已基本建成统筹城乡发展的制度框架，为全国建立城乡发展一体化体制机制提供了许多可推广的政策创新和制度安排。综合配套改革试验也为重庆市开创"深化改革、富民兴渝"良好局面提供了制度环境。

——基本形成了大城市带动大农村发展的良性机制。城乡收入差距由 2006 年的 3.6：1，缩小到 2012 年的 3.11：1，"一圈"与"两翼"人均 GDP 之比由 2.47：1 缩小到 2.06：1。

——基本形成了开发与保护并重、收益合理分配、规范有序的土地利用与管理制度。截至 2013 年 10 月，重庆市累计复垦建设用地 18.15 万亩，城镇与农村建设用地之比由 2007 年的 0.33：1 提高到 2012 年的 0.43：1。共交易地票 11.84 万亩，产生地票价款 237.5 亿元，农户直接获得收益超 150 亿元。

——基本形成了农民工稳定就业、有序迁居城镇的政策制度。重庆市累计出台了 46 个文件推进农民工户籍制度改革，促进城乡人口有序流动，已经累计转户 376.1 万人，整户转移 96.5 万户，户改三年来户籍人口城镇化率上升了 10.4 个百分点。

——基本形成了城乡社会保障制度框架。城乡居民社保实现制度全覆盖，待遇标准稳步提高，五大保险全部纳入市级统筹，城乡医疗保险参保率稳定在 95% 以上，城乡居民社会养老保险试点实现全覆盖，参保率达到 90%，最低生活保障覆盖面扩大，城乡低保标准联动调整机制建立。

——基本形成了保障城乡公共服务均衡的公共财政框架。确保全市财政一般预算的75%用于区县和基层，50%用于民生，每年新增财力的70%用于农村，农村社会事业发展加快。

截至2012年，随着许多重点领域和关键环节改革取得重大进展，统筹城乡发展的制度框架基本形成，重庆市的经济实力、人民生活和城乡统筹发展水平大幅提升。

——经济实力显著提高。重庆市人均地区生产总值为39083元，比全国人均GDP水平（38354元）高729元，位居西部第2位、全国第12位。城镇居民人均可支配收入由2006年的11570元增加到2012年的22968元，农村居民人均纯收入由2006年的2873元增加到2012年7383元，城乡居民收入均已达到西部地区较高水平。2011年，重庆市人均地方财政本级支出为8805元，比当期全国平均水平6883元高1922元，列31个省级行政区的第11位，基本公共服务能力已超过全国平均水平。

——产业结构调整取得显著进展。三次产业结构由2007年的10.3：50.7：39调整为8.2：53.9：37.9。粮食产量连续五年超过1100万吨，蔬菜、水果、畜牧、渔业等特色农业增量提质。电子信息、汽车、装备制造、综合化工、材料、能源和消费品制造均成为千亿级产业，多业支撑格局基本形成。现代服务业加快发展，金融业增加值占比提高到8%，国家支持设立的联合产权、农村土地、农畜产品等七大要素市场运行良好，累计交易额超过3600亿元。会展、购物和美食消费持续增长，商品销售总额达到1.2万亿元。旅游总收入年均增长30%。全社会研发经费支出占生产总值比例提高到1.38%，发明专利拥有量增长7倍。

——城镇集群和功能初步成形。以主城为龙头，6个区域性中心城市、23 个区县城和若干小城镇联动发展的城镇体系初步成型。常住人口城镇化率提高到 57%。建成"一枢纽五干线"铁路网和"二环八射"高速公路网，新建和改造国省干道 6000 公里，取消二级公路收费，基本实现"4 小时重庆""8 小时周边"。新增城市轨道通车里程 120 公里。水上货运和港口吞吐量均突破亿吨，空港旅客年吞吐量超过 2200 万人次。新增蓄引提水能力 8.7 亿立方米、电力装机 447 万千瓦，天然气保障能力不断增强。

——人民生活水平明显提高。城乡居民收入年均分别增长 12.8% 和 16%。年度城镇新增就业由 20 万人扩大到 65.5 万人。城乡养老、医疗保险提前实现全覆盖，五大保险全部实现市级统筹。新型城乡社会救助体系基本建立，保障了 130 万困难群众基本生活。建成公租房 1315 万平方米，惠及 58 万群众。改造农村危旧房 38.5 万户，新建巴渝新居 25.1 万户。716 个贫困村实现整村脱贫，110 万农村人口摆脱贫困。

——生态文明建设取得显著进展。2012 年，重庆单位地区生产总值能耗比 2007 年下降了 33.5%，蓝天、碧水、绿地、宁静环保行动持续推进，超额完成了国家"十一五"减排总量。17 条次级河流综合治理取得阶段性成效，污水、垃圾处理设施覆盖所有区县城和近一半的乡镇。三峡库区长江干流水质总体良好，达到或优于 III 类，实现"达到 II 类或 III 类"的总体方案目标。森林覆盖率为 41%，实现了 38% 的阶段性目标。

二、改革试验的重大制度创新与绩效

重庆市在推进统筹城乡综合配套改革试验中，始终把着力点放在加快形成城乡一体化发展的体制机制上。在建立城乡统一的建设用地市场、推进农民工户籍制度改革、建立公共租赁的住房保障体系、创新农村金融体系等方面，进行了有实质意义的制度实践，尤其是"地票""三权"抵押融资、"转户不动地""先租后售、租售并举"等制度创新，为我国破解城乡二元结构、构建新型工农城乡关系、让农民分享现代化成果，提供了可操作性的制度安排，起到了先行先试、为全局改革探路的先导作用。

（一）以"地票"制度撬动城乡一体化发展

地票，是指把农村闲置、废弃的建设用地复垦为耕地，腾出来的建设用地指标优先保障农村自身发展后，节余部分以市场化方式公开交易即形成地票，是可以在重庆市规划建设范围内使用的指标。从2008年底成立农村土地交易所以来，截至2013年10月，重庆市累计交易地票11.84万亩，形成价款237.5亿元，已有7.68万亩地票落地使用。地票还被赋予了质押功能，目前已办理地票质押贷款3759亩，共计5.02亿元。

为了推进地票制度建设，重庆市先后出台了58个政策性文件和12个技术性文件，对复垦、验收、交易、使用各环节进行规范，形成了相对完善的"自愿复垦、公开交易、收益归农、价款直拨、依规使用"的地票制度体系。一是自愿复垦。充分尊重农民和集体在处置自身房屋财产上的主动性、自愿性和参与性。农户或集体只有在稳定居所的前提下，才能自愿申请，允许一家一户单独申请，是否复垦、何时申请完全由农民自主决定。成立农村土地整治中心，复垦工程按规范设计施工，提倡农户自行实施或联合实施复垦项目。二是公开交易。只有在复垦形成的耕地数量和质量都经过验收后，地票才能进入农村土地交易所，地票交易实行市场化定价，由交易所根据市场供需情况统一组织，公开发布交易信息，公正组织交易活动，公平对待每个交易主体，充分体现农村土地价值。目前已公开组织30余场交易会，年均交易地票3万亩左右，均价20万元/亩左右，价格调控在"城镇发展可承受、农民权益有保障"的合理区间。三是收益归农。地票价款扣除复垦成本后全部收益归农民集体所有，复垦农户实际使用的合法宅基地收益按85∶15的比例在农户和集体组织之间分配，复垦形成的耕地归集体组织所有，再承包给农户耕种。目前，农户能分享到的地票平均收益是12万元/亩。四是价款直拨。由农村土地交易所直接将农户和集体应得的地票价款拨付到账，避免地票收益被挤占、侵害、截留、挪用。五是依规使用。地票制度依托城乡建设用地增减挂钩政策，在地票产生、交易、使用等环节须符合土地利用、城乡建设规划要求，"城市规划区内的农村建设用地不纳入复垦""不在规划建设范围外使用地票"，地票落地后仍按现行土地出让制度供地。

重庆实践证明，在不改变土地集体所有性质、不损害农村土地权益前提下，地票制度取得了大幅增加，农民财产性收入、严守耕地红线、推动农村资产确权登记、促进农村金融发育、优化城乡建设用地结构等效应，成为重庆城乡统筹发展的重要制度成果。

一是大幅增加农民财产性收入，缩小城乡和区域间收入差距。目前，地票成交单价已提升并稳定在 20 万元/亩左右，扣除复垦等成本后的地票收益全部用于"三农"，农村已累计实现近 200 亿元的财产收益。重庆城乡居民收入比从 2007 年的 3.6 : 1 缩小到 2012 年的 3.15 : 1。68% 的地票来源于经济落后的渝东南、渝东北"两翼"地区，落地集中在经济发达的"一圈"。"两翼"以地票收益方式分享了"一圈"的土地级差收益。年均 3 万亩左右的地票交易量，与重庆每年新增经营性建设用地规模相匹配，满足了"一圈"的合理用地需求。"一圈"与"两翼"人均 GDP 之比由 2006 年的 2.43 : 1 下降到 2.1 : 1。

二是真正守住了耕地红线。地票制度真正做到"先补后占、占补平衡"，更有利于保护耕地。与开发未利用地形成的耕地相比，复垦废弃、闲置的建设用地产生的耕地质量更高，也避免了毁林开荒对生态环境的破坏。截至 2013 年 10 月，重庆市累计复垦建设用地 18.15 万亩，地票使用 7.68 万亩，实际占用耕地 4.77 万亩。地票制度为重庆市 3400 万亩耕地"数量不减少、质量不下降"提供了制度保障。

三是推进农村资源资产显化和产权管理。高达 20 万元/亩的地票价格，使农民认识到了农村资产的市场价值。在地票交易引导下，农民积极主动要求对承包地、宅基地和其他集体建设用地等确权颁证。截至 2013 年 10 月，完成确权农业社 83508 个，占总社数的 99.3%；640.2 万农户的土地承包经营权得到确认，占应确权农户总数的 95.8%，推动了农村土地从单纯的资源管理向"资源、资产、资本"管理转变。

四是促进农村金融体系发育。地票成为农户住房抵押贷款的评估参照体系，农村的土地、房屋等资产经由市场定价后，价值由地票制度创设前的几千元、万余元提升到十余万元，具备了多年来一直缺失的抵押融资能力。截至2013年10月，重庆农房抵押融资累计达81.8亿元，农村"三权"抵押融资达436.9亿元。

五是优化城乡建设用地布局。按照土地利用总体规划，重庆市在2012~2020年间，城乡建设用地增量只有390平方公里，城镇建设用地增量为667平方公里，农村建设用地就得减少277平方公里。地票制度创新了农村存量集体建设用地的市场化盘活方式，通过与城市建设用地远距离、大范围转换，促进农村建设用地节约集约用地。重庆城镇与农村建设用地之比由2007年的0.33∶1提高到2012年的0.43∶1。

（二）以"三权"抵押融资促进农村要素市场发展

为了活跃农村要素市场，重庆市进行了"三权"抵押融资试验。其制度安排为，允许农村土地承包经营权、农村居民房屋和林权进行抵押融资，抵押金额按照80∶20的比例在农民和集体组织之间分配。"三权"抵押贷款担保的主要对象为农户、农村中小企业、微型企业及农民专业合作社。贷款用途主要用于发展种植业、养殖业、林业、渔业、农副产品加工、流通等农业产业化项目以及满足农业产前、产中、产后服务支农资金需求。截至2013年9月末，重庆市累计实现"三权"融资436.9亿元，土地承包经营权、居民房屋和林权贷款分别是57.8亿元、81.8亿元和147.4亿元。

仅有 62 笔、742 万元的不良贷款，不良率约为 0.02%，远低于重庆市同期 0.34% 的不良水平。

重庆市农地、宅地和林区面积很大，"三权"抵押融资潜力巨大。全市共有 3000 多万亩耕地、6000 多万亩林地、300 多万亩宅基地，保守估计这些资产的总价值超过 1 万亿元，即便只抵押 10% ~ 20%，农村便可增加融资 1000 亿元 ~ 2000 亿元。盘活现行体制下难以抵押融资的"沉睡"农村资本，关键是要探索出一整套政府引导和市场化运行相结合的体制机制。重庆市围绕厘清产权关系、明晰抵押流程、促进产权流转、完善风险分担补偿机制等，先后出台《重庆市林权抵押融资登记管理实施细则》（试行）、《重庆市农村居民房屋抵押登记实施细则》（试行）、《重庆市农村土地承包经营权抵押登记实施细则》（试行）等地方法规，形成了比较系统的农村资产"三权"抵押制度体系。

一是构建权属登记及流转管理机制。"三权"抵押融资的前提是权属清晰。重庆市基本完成了林权、农村住房和承包经营权的确权登记工作。截至 2013 年 6 月末，重庆市林权共计确权 5491 万亩，确权率达 98.7%，累计完成核发集体土地所有权（全面重新核发）证书 7.88 万本、宅基地及农房证书 660 万本、其他建设用地及房屋证书 4.06 万本。截至 2011 年 5 月底，新颁发农村土地承包经营权证 633.73 万册，占已确权农户总数 99.14%。同时，探索将各类农村产权流转（再流转）合同作为经营、使用、收益等权益取得的权属证明，并注明发包人及原承包方是否同意再流转。

二是构建资产评估机制。2012 年末，重庆市成立兴农价格评估公司，探索拟定全市农村产权评估规范，根据区位、地块、经济发展情况制定农村产权价格标准。如渝西地区、渝东南、渝东北等地农村产权有不同价格标准，涉及单个区县也有不同价格标准，农民贷款融资时可据此来衡量自己资产的价值。截至 2013 年 9 月末，共接受评估 278 件，办理 102 件，涉及金额 90.3 亿元。

三是构建资产流转处置机制。在处置农村产权抵押融资不良资产时，重庆市探索性地引入专门的农村产权资产管理公司整体收购处置，为金融机构处置农村产权抵押融资不良资产提供了新途径，对农村产权再流转进行了探索。2013 年上半年，重庆市筹建了兴农资产经营管理公司，作为市政府授权机构专门负责收购处置"三权"抵押融资产生的不良资产。对银行贷款逾期 1 年或者担保公司代偿 1 年以上的相关"三权"抵押融资债权，按市场价格收购，采取整合出租、挂牌转让、再流转等方式合理处置抵押资产，逐步建立起政府引导和市场化运作相结合的农村产权抵押融资不良资产处置机制。

四是构建风险分担补偿机制。为进一步降低农村金融服务风险，2011 年重庆市出台了《农村"三权"抵押融资风险补偿资金管理暂行办法》，专门组建了兴农融资担保公司，在各区县设立 21 家子公司，截至 2013 年 10 月底，这家政策性金融公司涉及"三权"抵（质）押贷款项目合计 64.66 亿元，占在保余额的 62.75%。重庆市还设立农村"三权"抵押融资风险补偿专项资金，对银行、担保等机构因开展"三权"抵押融资业务造成的损失，予以 35% 的风险补偿，其中市级财政承担 20%，各区县财政承担 15%，还将风险补偿资金兑现时限缩短为 1 年。目前，市级财政风险补偿资金已达 8000 万元。石柱县还进一步补偿机制创新，由县财政按照农村"三权"抵押融资额度的1%出资建立风险补偿资金，对不超过融资额度1%的损失部分予以全额补偿，对超出融资额度1%的损失部分按相关规定申请市级财政20%的风险补偿。

（三）以"进城不失地""社保一次性到位"为核心推进户籍制度改革，保障农民工真正融入城市

解决好占人口总量20%的农民工户籍问题，是重庆市统筹城乡综合配套改革的突破口。从2010年8月全面启动农民工户籍制度改革以来，截至2013年9月底，累计转户376.1万人、整户转移96.5万户。目前，重庆市户籍人口城镇化率达到39.6%，户改三年以来就上升了10.4个百分点，而建立直辖市到启动户改前的13年来仅上升了9.7个百分点。

户籍制度改革推进顺利，关键在制度和政策体系设计。重庆市先后出台了46个政策性文件，逐步形成了一套"以自愿为前提、依法保留农村既有权益、转户后所有城市保障一步到位"的较完善的政策体系。

一是以稳定就业为转户前提，分类实施。农民工转户主要考虑就业因素，不与承包地、宅基地挂钩。只要在主城区工作五年以上、区县城工作三年以上就可转户。第一批集中解决400多万符合条件的进城农民工及新生代转户和户籍遗留问题。这些人群又被分成符合条件的农民工及新生代、各类历史遗留问题造成的农村居民两大类，共七类群体：即符合条件的农民工、农村籍大中专学生、农村籍退伍士兵、库区搬迁形成的高山移民、不规范征地形成的失地农民、城中村居民以及农村集中供养的"五保户"，明确各个群

体的转户条件和程序。在此基础上，针对主城、区县城和乡镇设置不同的转户条件，分类实施。截至 2013 年 9 月，有条件的农民工群体累计转户 172.8 万人，占同期转户数的 45.9%；新生代转户 53.8 万人，占 14.3%；其他群体和历史遗留问题转户 149.5 万人，占 39.8%。

二是对转户居民实行就业、养老、医疗、住房、教育等城镇保障一步到位。第一，将转户农民工纳入城镇就业服务体系，开展就业培训和创业扶持。累计培训转户居民 2 万余人，推荐就业 5 万人，发放自主创业小额贷款 1.27 亿元。第二，转户居民购买普通商品房享受相关税费减免或纳入公租房保障。共 64134 户转户居民和农民工申请到公租房，占配租总数的 44.1%。第三，严格按照城镇职工标准，用工单位为转户居民依法足额缴纳养老、医疗等社会保险费用。共有 287.1 万转户居民参加各类养老保险，参加医疗保险人数 353.6 万人。第四，转户居民子女享受城市义务教育，就近免费入学，平等接受各阶段教育。截至 2013 年 9 月，共接收进城农民工子女接受义务教育就学人数 34.1 万人，占全市义务教育阶段学生总数的 11.3%，新建和改扩建中小学校 115 所，基本解决了转户居民新增入学的问题。

三是合理保留转户居民的农村权益。农民工转户后，在退出土地前，可继续享受与土地相关的待遇（如种粮直补、征地补偿收益权等 9 项）。同时，与农民身份相关的待遇（如农村生育政策、计生奖励扶助等 26 项），在 5 年内予以保留。转户居民自愿退出宅基地，可通过"地票"制度实现财产收益，净收益的 85% 归农民所有。目前，重庆市共批准了 77530 户举家转户农民工的 31138.56

亩宅基地退出。重庆市建立了 62 亿元的宅基地退出补偿周转金，对进城落户农民退出的能复垦的宅基地和附属设施用地提前支付。截至 2013 年 9 月，已对 67358 户、26720 亩提前支付了 25.3 亿元的地票价款。

四是创新户籍改革成本合理分担机制。第一阶段涉及的 376 万人的转户，需支付 4000 亿元左右的成本，由政府、用工企业和个人三方各承担 1/3。不过这个成本具有多主体和长期分摊的特点，不需要一次性支付。政府建立 100 亿元的 "周转金"，主要承担城市扩张中基础设施和公共服务投入。目前，共有 281.7 万转户居民参加了各类养老保险，参加各类医疗保险人数 353.6 万人。用工企业主要承担转户农民工参加的城镇职工养老保险和医疗保险的新增缴费部分，按已转户 376 万人计算，每年企业增加缴费 120 亿左右。另外，房地产商等社会主体也通过支付地票价值，承担宅基地地票交易的成本。目前 20 万元/亩的地票均价，只占土地出让价款的 2%～5%，处在开发企业可承受的范围内。

（四）以 "先租后售" "租售并举"，建立以公租房为主的住房保障体系

重庆公租房建设规模大、起步早。目前，已开工的公租房项目住宅总规模为 70.6 万套，公开配租 23.3 万户。预计到 "十二五" 末期，通过公租房等保障性住房及各类棚户区改造，城镇住房保障覆盖率将达到 25% 左右。重庆探索实施了 "公建公有、建管分开、封闭运行" 的模式，按照 "先租后售" "租售并举" 的原则，在准入门槛上率先实现 "不限户籍、不限收入"。

一是扩大保障范围，将常住人口纳入住房保障体系。重庆市规定，凡年满 18 岁，在主城区有稳定工作和收入来源并符合住房困难条件者，均可申请租住公租房。包括无住房或家庭人均住房建筑面积低于 13 平米的本市居民、新就业大中专及职校学生、无住房的外来务工人员、参加工作三年以内的无住房公务员。

二是探索实施"公建公有、建管分开、封闭运行"的模式。由国土资源和房屋管理局负责住房保障政策制定和监管；其下设的公租房管理局负责规划实施、项目监督、审核配租等具体业务；国有投资集团负责土地储备、资金筹措、工程建设等任务，拥有公租房产权，并交由公租房管理局管理。五年后部分公租房可出售，允许购买者继承和抵押，但不得进行出租、转让和赠予。如需交易，由政府以当初购房价格加上合理利息进行回购，再重新纳入公租房供应体系，实现封闭循环。

三是在租金优惠基础上，实施分层补贴。重庆市公租房租金不超过同地段、同类型、同品质商品房租金的 60%，一般为 9～11 元/平方米。租金实行动态调整，每两年向社会公布一次。对于符合廉租房条件的低收入家庭，租金和物业费享有更多优惠，差额部分由户籍所在地政府承担。

四是多渠道筹集建设资金，努力实现收支基本平衡。据估算，重庆市 4000 万平方米公租房的建设资金为 1100 亿元。其中，政府通过中央专项补助、市财政预算、土地出让收益以及房产税等渠道安排，可筹集 30% 的资金，其余 770 多亿元缺口利用银行、社保基金、公积金、保险等多种社会资金弥补。目前，项目贷款结构以银行贷款为主，另外，社保基金已经通过信托方式贷款 45 亿元，公积金试点贷款 30 亿元。

4000 万平方米公租房建成后，要解决 770 亿元贷款的还本付息和运行维护费用。重庆市的平衡方法是，按年息 7% 计算，每年贷款利息为 54 亿元，运行维护费用为 10 亿元，合计约 64 亿元。公租房和商铺的月租金按每平方米分别 10 元和 50 元计算，每年公租房可收取租金 43.2 亿元，商铺租金 24 亿元，两者合计 67 亿元。由此，通过公租房和商铺的租金收入可支付贷款利息和运行维护费用。将来如果以 10000 元/平方米出售商铺，可收回资金 400 亿元；以 4000 元/平方米出售三分之一的公租房，可收回 400 多亿元，二者合计约 800 亿元，可用于归还社会资金的本金。总体测算，按目前利率水平，重庆公租房模式基本可满足还本付息和运行维护要求。

五是探索建立公租房社会管理体系。目前，重庆市规划的 20 余个公租房小区均考虑到交通和就业的便利性，与商品房小区混合搭配，共享公共配套设施和服务。同时，建立公租房信息管理系统，实现房管、公安、民政、工商等部门的信息共享。重庆市还探索建立公租房小区的社会综合管理体系，由社区居委会、房屋管理机构、派出所、物业服务公司及租户代表等组成小区管理委员会，共同负责小区社会管理。

五年多来，重庆市公租房建设和管理工作取得明显成效，在解决"夹心层"家庭住房困难、推动农民工融入城市和拉动内需等方面发挥了重要作用。

一是逐步解决"夹心层"的住房困难问题。第一步，公租房用地全部通过划拨获得，加上各类税费减免，确保了租金不超过同地段、同类型、同品质商品房租金的 60%，重点解决外来工作人员、新生代城市居民和大学毕业生等"有房住""住得起房"的问题。从配租人员结构看，主城区户籍人员占 35.7%、大学毕业生占 8.1%、当地进城务工人员占 40.7%、外地来主要城区工作人员占 15.5%。人均月收入 2000 元以下的入住者占了 89%。第二步，从"有房住"过渡到"有住房""买得起房"。重庆公租房实行封闭运行模式，5 年后符合条件的可购买，但不能转租和上市交易。确需转让的，由政府以原价回购，重新作为公租房流转使用。

二是推动农民工融入城市。公租房为农村居民转户提供了一颗"定心丸"，增强了融入城市生活的信心和意愿。重庆将转户居民纳入公租房、廉租房等保障范围，共有 6.4 万户转户居民和农民工成功申请到公租房，占全市公租房配租总数的 44.1%。此外，转户居民及农民工享受首次购买商品房契税减免政策，共减免契税近 9 亿元。

三是发挥拉动内需、促进增长的重要作用。重庆计划建设 4000 万平方米公租房，直接投资 1200 亿元，对相关产业的拉动能力约 3000 亿元，使社会总产值增加约 4000 亿元（相当于 2010 年重庆市 GDP 的 50%），可为建筑业创造约 100 万个劳动岗位。另外，"租售并举"减轻了租房和购房的压力，有利于刺激居民的当期和长远消费需求。

三、改革试验的价值与面临的问题

经过 6 年的实践与探索，重庆统筹城乡综合配套改革试验的一些制度创新，不仅为地方经济社会发展释放了巨大的制度红利，也为全局改革提供了政策和制度储备。我们认为，其中一些重要制度创新经过总结、提炼后，可以上升为全局性政策和制度，并可以作为修改法律的依据。

（一）可以上升为国家政策的做法

一是扩大地票制度试点。地票制度在重庆运行五年多来，已经形成了相对完善的"自愿复垦、公开交易、收益归农、价款直拨、依规使用"的制度体系和完备的操作规范，是一项重大的理论和政策创新。在我国实行最严格的耕地保护制度和用途管制制度下，地票制度利用土地级差收益原理，通过市场化手段，让偏远地区的农民分享到城市土地增值收益，成为提高农民财产性收入、缩小城乡收入差距的重要工具。地票交易有利于显化农民的宅基地价值，实现更多的土地财产权利。地票制度与户籍改革和社保制度组合，起到了让"农民带着土地资产进城"的效应，更有利于农民融入城市。地票制度也起到了优化城乡用地结构、促进土地集约利用的作用，城市以地票方式获得了建设用地指标和发展空间，农村因为宅基地价值资本化，获得了村庄改造的资金，促进了人口城镇化下的新农村建设。

在我们看来，只要存在城乡区域间的土地级差收益，只要继续实行最严格的耕地保护和用途管制制度，地票制度就可以作为推进城乡发展一体化的重要制度安排。城乡土地级差收益越大，地票制度的作用就越大。地票制度尤其适用于城乡差别大、农村集体建设用地复垦潜力大的地区。建议认真总结重庆地票制度的原理、制度安排、操作规范和交易规则，选择若干省份扩大试点。为了指导各地试点，建议在总结重庆经验基础上，有关部门出台《农村建设用地交易管理办法》。

二是完善农民工户籍制度改革实施办法。重庆市以解决农民工户籍问题作为统筹城乡综合配套改革的突破口，不仅成功实现了376.1万农民工的转户与融入城市，而且形成了一整套制度体系、政策设计和实施办法，即坚持以稳定就业为转户前提、分类实施；对转户居民就业、养老、医疗、住房、教育等城镇保障一步到位；合理保留转户居民的农村权益；创新户籍改革成本合理分担机制。这些制度安排是重庆户籍改革的亮点，也是其成功实现农民工户籍改革的重要经验。中央、国务院户籍改革方案已明确，建议有关部门对重庆做法进行认真总结，制定更切实可行的户籍改革实施方案。同时，重庆做法也值得全国其他地区推进户籍改革时借鉴。

户籍制度改革成功与否，成本分担机制的设计是关键。对于全国大多数城市来讲，可借鉴重庆"分步走"的思路，先将稳定就业的农民工纳入，并针对主城、区县城和乡镇设置不同的转户条件。当然，像北、上、广、深等特大城市的户籍制度改革，其成本要远远高于重庆，需要合理调整政府、企业、个人分担比例，可借鉴重庆建立"周转金"的思路，逐步解决资金问题。另外，北、上、广、深等特大城市的农民工也来自全国各地，跟重庆农民工主要来自远郊区县不一样，在政策设计时，除了考虑本地人口外，更重要的是外地人口的融入问题，需要对城市产业、就业、社保、教育、住房、财政等有更综合的考虑与成本测算，制定可行的户籍改革与人口融合制度。

三是完善并推广"租售并举""共有产权"的住房保障模式。重庆市是我国迄今公租房建设规模最大、起步最早的城市，它在住房保障体系建设上的一些探索，如，将常住人口纳入住房保障体系；实施"公建公有、建管分开、封闭运行"模式；在租金优惠基础上实施分层补贴；多渠道筹集建设资金，努力实现收支基本平衡；建立公租房社会管理体系等，是我国住房保障体系建设的一场大规模试验，值得有关部门认真总结。为了完善住房保障制度，建议有关部门出台《城镇住房保障条例》，借鉴重庆做法，明确公共租赁住房的保障标准、覆盖范围、保障方式、规划任务、建设与管理模式，以及土地、财政、税收与金融支持政策框架等基本问题。

重庆市按照"先租后售、租售并举"原则，适时出售配建商业用房和部分公租房偿还本金，实现公租房建设、营运资金的良性循环和动态平衡，对全国其他地区有很强的推广意义。各地在借鉴重庆公租房"租售并举"模式时，要注意两个问题。一是要合理确定政府和个人的产权比例，建立增值收益的合理分配机制。重庆的公租房用地全部是划拨，免交的土地出让金和各类税费优惠构成了政府的产权比例，在五年后出售给租户时，由于政府仍持有部分房屋产权，因此不允许转租和上市交易。二是要根据当地住房市场发展情况，动态调整政府控制的公租房数量。公租房的租售比例可以由各地按照财政能力、住房市场、保障覆盖面等情况自主决定。

四是扩大农村资产产权抵押融资试点。长期以来，全国涉农贷款占比低，农村资金外流、农村金融失血、贫血问题突出，根源在于农民缺乏金融机构认可的抵押物，开展"三权"抵押融资有利于盘活农村"沉睡"资源，构建新型农村金融体系。我国城乡居民收入差距日益拉大的背后，是财产性收入的差异。仅靠承包地、宅基地和林地流转获得的收入有限，财产性收入在农民收入构成中不足5%。"三权"抵押融资，不但直接增加农民当期可支配资金，更有利于拓宽农民投资渠道，大幅提高财产性收入。

为活跃农村要素市场，重庆市进行了"三权"抵押融资试验。允许农村土地承包经营权、农村居民房屋和林权进行抵押融资，重庆市在"三权"抵押试点中，围绕厘清产权关系、明晰抵押流程、促进产权流转、完善风险分担补偿机制等，探索出一整套政府引导和市场化运行相结合的体制机制，形成比较系统的农村资产"三权"抵押制度体系，不仅在一定程度上解决了现代农业发展中的资金瓶颈，而且防范了金融机构风险和农民资产产权丧失风险。在我们看来，重庆市农村资产产权抵押办法，可以在全国更大面上试点，并在此基础上，有关部门出台《农村资产抵押管理办法》，指导全国试点。

（二）试点中面临的问题与制度障碍

重庆在试点中也暴露出现行体制机制和法律中存在的大量问题。

一是发展阶段与经济实力的制约。重庆市是在人均 GDP 不到 4000 美元的基础上开始统筹城乡改革的，虽然经过几年的努力，目前人均 GDP 已经达到 6000 美元，但政府的统筹能力仍显不足。另一方面，重庆市由于大农村、大贫困区域的特点，城乡二元结构十分明显，城乡居民的绝对收入差距还在扩大，区域发展也不协调，区县之间发展水平的差距仍然较大。统筹能力不足，且难以形成统筹城乡和区域协调发展的体制机制，各类资源缺乏有效整合，公共资源对农村基础设施和基本公共服务的投入明显不足。随着改革的深入，区域协调、民生保障、基本公共服务均等化等方面对政府财力的要求越来越高，由此带来的压力也越来越大。

二是国家层面的上位法明显滞后。一是对农民土地权利保护，在相关文件中作了强调，但未落实到具体的法律规定中，对改革的法律依据保障不够。《土地管理法》严重滞后，特别是对集体建设用地参与非农建设、宅基地的使用权和收益权、农户和集体经济组织在土地流转中的角色、集体土地征收为国有的具体情形的规定、征地补偿标准的制订等方面，还缺少可操作的规定。二是农村土地权利设置存在缺陷。虽然法律承认了宅基地使用权和土地承包经营权作为用益物权的性质，但是，由于限制了流转范围，宅基地只能在本集体经济组织内部流转，其变现能力及价值实现大大受限。在城镇化、工业化快速推进的背景下，农民向城镇转移是大势所趋，如果不考虑其宅基地和农房的有效变现方式，宅基地闲置、废弃现象普遍存在也就不足为奇了。此外，《担保法》《物权法》明确规定，耕地、宅基地、自留地、自留山等集体土地使用权不得抵押，这抑制了金融下乡，使农村发展成为"跛足"。三是农村集体经济组织的市场地位及成员资格认定不明确。尽管法律对农村集体经济组织有表述，但在实际运行中其作为独立市场主体的地位并不明确，由此带来其所代表的集体所有权被虚置、民主决策权被代表等问题。比如，在村庄撤并中，行政主导的色彩非常深厚，农村集体经济组织间的协商及意愿征集、表达明显不够。同时，对农村集体经济组织成员资格认定问题，法律、法规及司法解释都还是空白，这带来了土地流转及征地中农村收益分配的问题，也潜伏着大量社会稳定的隐患问题。四是农村土地缺乏统一登记制度。重庆市尽管对土地承包经营权、林权、宅基地使用权和农房都进行了确权登记，也大体完成了任务。但是，由于上述确权登记分别由农业、林业和国土部门分头行动，并没有统一的工作准则和技术规范，也没有测绘等基础工作提供支撑，因此，既存在登记遗漏，也存在重复登记（如，同一块土地，农业部门登记为承包地，林业部门登记为林地等情况）的情况，影响了登记的严肃性。由于没有科学严谨的确权登记体系，农村土地流转、"三权"抵押等促进农民土地财产权益显化的工作就面临障碍。五是部分法律法规以城乡户籍作为享受基本公共服务的前置条件，影响户籍制度改革推进。如，我国高等教育考试制度规定，考生必须在户口所在地参加考试，大量随父母在务工地就学的考生无法参加当地组织的高考；各地立法普遍规定了对农业户口的照顾计划生育政策，以至全国大体上形成了"城镇居民生 1 个孩子、农村居民生育 1.5 个孩子"的基本计划生育政策；《兵役法》规定"家居农村的义务兵退出现役后，由乡、民族乡、镇的人民政府妥善安排他们的生产和生活"，同时规定"家居城镇的义务兵退出现役后，由县、自治县、市、市辖区的人民政府安排工作";《全国人民代表大会和地方各级人民代表大会选举法》规定"直辖市、市、市辖区的农村每一代表所代表的人口数,应多于市区每一代表所代表的人口数",等等。

三是改革越深入雷区越多。随着改革的深入推进,现行法律法规和政策障碍越来越大,地方无权也无法调整,特别是土地、财税、金融、社保等方面,需要上位法的支撑。基层的改革活力和积极性没有完全激发,改革攻坚的激情在减退。改革越深入,涉及的部门、领域越多,部门之间的工作协调和政策衔接越来越多,矛盾也越来越大。

四、进一步推动制度试验的建议

党的十八届三中全会对改革做出了全面部署,建立城乡发展一体化体制机制,是全面深化改革的重要内容,也是到 2020 年实现全面建成小康社会目标的重要保障。按照国务院 3 号文件要求,重庆市城乡统筹试验力争到 2017 年,基本完成改革试验总体方案各项任务,形成比较完善的统筹城乡制度体系,为建成城乡统筹发展的直辖市奠定制度基础。我们建议,重庆市继续推进统筹城乡综合配套改革试验,并在以下几方面进一步探索实践。

(一) 完善地票形成和交易体系

重庆农村土地交易所通过四年多的改革试点,已形成相对完善的地票制度体系,建议国家层面适时予以推广。同时,鉴于地票与土地管理的政策法规关联紧密，建议以土交所为平台，适时启动相关配套改革。进一步探索在规划和用途管制下，农村集体建设用地进入市场办法，实现与国有土地同等入市、同权同价机制。具体来说，重庆可以在以下几方面继续加快探索。

第一，率先探索《集体资产管理办法》的立法启动。从重庆地票试验来看，随着农村集体土地资产价值的显化，农村集体经济组织的资产将呈快速增长态势，资产管理和收益分配问题越来越复杂，处理不好，有可能诱发新的稳定问题。长期以来，农村集体更多地承担了农村基层的政治职能和社会职能，其经济职能往往发挥不够，不是真正意义上的市场主体，相应造成了集体产权不明，管理不清的问题。因此，建议重庆市修改《村民委员会组织法》，重新规定村集体的经济职能。在此基础上，可参照《企业国有资产法》，探索制定《农村集体资产法》。按照党的十八届三中全会精神，试点推进集体资产使用制度改革，保障农民集体经济组织成员权利，积极发展农民股份合作，赋予农民对集体资产股份占有、收益、有偿退出及抵押、担保、继承权。

第二，探索出台《农村宅基地管理办法》，完善农村宅基地在取得、管理、权利体系和收益分配、退出等方面的政策法规。现有法律体系对宅基地的概念、权利体系和收益分配等缺乏明确界定。重庆市在地票形成过程中，发现农户宅基地实际使用面积跟最初登记面积相差甚大。建议重庆市在农村产权统一登记试点中，将宅基地中住宅建筑占地和宅基地附属的院坝、圈舍等用地一并纳入管理范畴，合并进行审批与登记。对农户依"一户一宅"原则取得的宅基地，作为财产权予以保护和认可。为贯彻落实十八届三中全会关于农村土地制度改革的宗旨和精神，重庆市要尽快出台《农村宅基地管理办法》，按照"保障农户宅基地用益物权，改革完善农村宅基地制度，选择若干试点，慎重稳妥推进农民住房财产权抵押、担保、转让"精神，探索农民增加财产性收入的渠道。在改革试点中，一是保障农户宅基地用益物权，在现有宅基地占有权、使用权基础上，扩大收益权、出租权、转让权试点。二是改革宅基地管理制度，试点改革目前以成员资格无偿分配宅基地的制度，使宅基地真正成为商品。试点宅基地管理制度改革，强化对宅基地的用途管制和规划管控，严禁农民宅基地占用农村承包地。三是推进农民住房财产权抵押、担保、转让。完善宅基地与农房分离下农房抵押、担保、转让的制度安排。

第三，完善地票制度。地票作为农村建设用地财产权利变现的变通渠道，主要解决了农村规划建设区范围外的农村建设用地的市场价值发现问题，对农村规划建设区范围内的建设用地市场化流转和财产变现，还需要深入研究。建议借鉴城市国有土地市场运行和地票改革经验，从精细规划、精细确权、确立所有权人和使用权人收益分配关系等方面入手，规范推进集体建设用地市场化流转改革，进一步拓宽农民和农村集体经济组织的财产性收入渠道。

第四，完善建立城乡统一的建设用地市场的制度规则。一是按照十八届三中全会精神，"在符合规划和用途管制前提下，允许农村集体经营性建设用地出让、租赁、入股，实行与国有土地同等入市、同权同价"原则下，探索不同类型集体建设用地进入市场办法，探索两种所有制土地进入同一交易平台办法和价格形成机制。

二是按照十八届三中全会"扩大国有土地有偿使用范围，减少非公益性用地划拨"精神，探索对具有竞争性、取得经营收入、改革条件成熟的基础设施、市政设施以及各类社会事业用地中的经营性用地，实行有偿使用办法。三是按照《决定》提出"完善土地租赁、转让、抵押二级市场"精神，探索存量建设用地在公开市场上交易办法，完善交易规则、制定收益分配原则，制定相关税收办法，促进土地二级市场的活跃与发展。四是按照《决定》提出的"建立有效调节工业用地和居住用地合理比价机制，提高工业用地价格"要求，解决建设用地结构不合理问题，改革工业用地价格形成机制和工业用地配置方式，促进工业用地与居住用地和服务业用地比价合理化。

（二）深化户籍制度改革

重庆市按照宽严有度、分级承接原则，适度放宽主城、进一步放开区县城、全面放开中心镇落户条件，已经形成30%到主城、30%到区县城、40%到乡镇的合理梯次分布，避免转户人员过分集中在主城。同时，配套搞好城市基础设施和公共服务，切实满足转户居民基本需求。建议重庆市在以下几方面进一步深化户籍制度改革。

第一，探索逐步取消以户籍作为享受公共服务的必要条件。在户籍改革的下一阶段，建议重庆市逐步取消城市户籍人口与非户籍人口之分，用居住证替代户口本，真正体现城镇基本公共服务与户籍分离，实现常住人口全覆盖。比如，将居住登记与就业、子女就学、住房、养老、医保等重要城市福利和社会保障挂钩，使其成为享受公共服务的必要条件，让流动人口成为常住人口，从居住证中真正得到实惠。

第二，加快完善户籍制度改革的相关配套制度。建议重庆市下一阶段要加快推进相关配套制度改革，特别是社会保障制度、就业制度和教育制度的改革。逐步缩小养老、医疗、低保等各项社会保障水平城乡之间的差距，建立和畅通各项社会保障在城乡之间有效转接的通道，消除户籍流动带来的政策性权益障碍，逐步建立城乡统一的社会保障制度，实现城乡人口平等享受社会保障。建立城乡统一的劳动力市场和公平竞争的就业制度，实行城乡统一的就业、失业登记制度，为转户居民提供职业介绍、政策咨询、技能培训等就业服务。

（三）探索建立可持续、运转良好的城镇住房保障体系

2013～2015 年间我国还需要新建 2587 万套保障性安居工程，2013～2017 年间新增 1000 万套各类棚户区改造。重庆市公租房建设和管理的丰富试点经验，为在全国率先探索建立可持续、运转良好的城镇住房保障体系，奠定了良好基础。

第一，探索多途径满足保障性安居工程用地需求。目前重庆市公租房用地全部采取划拨形式。考虑到各区、县土地资源压力、财力等方面的差异性，建议今后重庆市可探索利用年租制来缴纳土地出让金，将一次性缴纳的土地出让金分摊到 70 年内缴纳，缓解开发企业短期筹资压力。为提高开发企业的资产抵押和融资能力，重庆市也可以采取"招、拍、挂"方式来供应保障性安居工程用地，同时将部分土地出让金"先征后返"，降低企业获得土地的成本。

第二，完善保障性安居工程的税收优惠政策，降低建设运营成本。在公租房建设过程中，重庆市免征土地使用税、土地增值税，免征城市配套等行政事业性收费和政府性基金。建议重庆市可进一步加大保障性安居工程的税收优惠范围和力度。在开发建设阶段，探索减免城镇土地使用税、营业税、城市建设维护税和教育费附加，适当延期缴纳企业所得税。在运营阶段，减免营业税、城市建设维护税和教育费附加，印花税、房产税的税基可扣除当期利息支出，允许运营主体加速折旧，延期缴纳或免除一定年限的企业所得税。

第三，加快完善住房保障的地方立法和管理制度，构建长效发展机制。重庆市已出台《公租房管理办法》等法规，但还没有出台统一的《住房保障管理办法》。建议重庆市加快推进住房保障立法工作，构建符合重庆国情和住房保障实际需求的法律体系。重庆可以在全国率先建立统一、规范的住房保障法律框架。尽快出台重庆市的《城镇住房保障条例》，进一步明确保障标准、覆盖范围、保障方式、规划任务、建设与管理模式，以及土地、财政、税收与金融支持政策框架等基本问题。

（四）进一步深化农村产权制度和农业经营方式改革

建议进一步支持重庆市深化农村产权制度改革，给予政策法律层面的保障支持，营造适度宽松的融资环境，允许重庆结合实际探索放松对土地承包经营权再流转的限制、拓宽土地承包经营权和宅基地使用权转让的对象范围，并引导风险把控，着力盘活以"三权"为核心的农村产权融资，支持"三农"发展，加快推进农村产业化和城镇化进程。

第一，进行完善农村土地承包权能试点。一是按照十八届三中全会精神，探索"稳定农村土地承包关系并保持长久不变的制度安排和实现形式。二是按照《决定》"坚持家庭经营在农业中的基础性地位，推进家庭经营、集体经营、合作经营、企业经营等共同发展的农业经营方式创新"，探索家庭农场制度安排内涵，以及其他类经营主体的进入方式和相关制度安排。三是探索承包经营权在公开市场上向专业大户、家庭农场、农民合作社、农业企业流转的方式与规则。四是探索合作经济发展模式，出台财政项目资金直接投向符合条件的合作社及财政补助形成的资产转交合作社持有和管护的具体办法，探索和出台合作社开展信用合作的规则和办法。五是探索相关制度安排，鼓励和引导工商资本到农村发展适合企业化经营的现代种养业，向农业输入现代生产要素和经营模式。

第二，重庆市可加快修订滞后于农村实践的法律法规。建议重庆市结合十八届三中全会会议精神，修订完善相关法律法规，深化农村金融服务和产权制度创新改革的广度和深度。从法律法规层面允许将土地承包经营权流转及转让范围拓宽到同一集体经济组织外的更广范围，以促进农村资产增值及农民财产性收入提高。同时，对于配套保障制度较完备的地区，在有机构担保农民利益不受影响的前提下，可简化手续，放松对土地再流转的限制。

第三，将重庆纳入农村产权制度等改革试点。我国现有农村改革试验区 24 个，分别开展农村产权制度改革、农村金融改革等试点工作。建议将农村产权制度改革纳入重庆统筹城乡综合配套改革范围，允许重庆在把握超前探索、创新制度，重点突破、配套推进，统一指导、地方为主，先行先试、封闭运行的基本原则下，积极借鉴有关农村改革试验区和金融综合改革试验区的有益经验，结合重庆实际，着力发挥金融支持农业产业化、促进城乡统筹发展的深远作用。

执笔：刘守英

案例分析二
河南省济源市城乡发展一体化案例分析

一、济源市经济社会发展概况

济源位于河南西北部，因济水发源地而得名。1988 年撤县建市，1997 年成为河南省最年轻的省辖市，2003 年被列入"中原城市群"9 个中心城市之一，2005 年被列为河南省城乡一体化试点城市。

近几年，济源市经济社会发展很快。2012 年，济源市地区生产总值达到 440 亿元，比 2005 年增长 206%；地方财政总收入 47.2 亿元，比 2005 年增长 124%；地方财政一般预算收入 28.9 亿元，比 2005 年增长 248%；城镇居民人均可支配收入达到 21240 元，比 2005 年增长 136%；农民人均纯收入达到 10648 元，比 2005 年增长 174%；城镇化率达 53.4%，略高于全国 52.57% 的水平，比河南省的 42.4% 高出 11 个百分点。

济源市通过强化改革创新，加大政策支持力度，大力提高统筹城乡发展水平，努力消除城乡差距，城乡发展一体化水平进入了新阶段。2013 年，济源市生产总值完成 460 亿元，比 2005 年增长 219.9%，人均生产总值突破 9000 美元；农业增加值占 GDP 的比重下降到 4.4%，三次产业结构由 2005 年的 6.9：67.1：26 调整为 4.4：76.2：19.4；城镇居民人均可支配收入 23194 元，农民人均纯收入 11958 元，城乡居民收入比为 1.94：1，明显小于全国 3.03：1 的平均水平。

二、促进城乡发展一体化的三个阶段

进入新世纪以来，济源市在促进城乡发展一体化方面做了大量工作。大体上可以划分为奠定基础、反哺农村、机制创新三个阶段。

（一）奠定基础阶段：2000～2006 年

这一时期济源市工业经济、城市建设快速发展，为工业反哺农业、城市带动乡村奠定了坚实的物质基础。从 2000 年到 2003 年，济源大力推进国有企业、集体企业改制和技术改造，累计改制改造工业企业 253 家，2003 年改制面积达 98.4%；2003 年私营企业达到 800 家，个体工商户突破 1.7 万家，非公有制经济发展活力全面迸发，为广大农民进城务工提供了大量的就业岗位，2003 年济源市城镇企业在职职工超过 9 万人，为乡镇财政收入和农民工资性收入快速增加提供了强力支撑。

济源抓住 2003 年被列入中原城市群和 2005 年被列为河南省城

乡一体化试点市的机遇，确立了以城乡一体化统揽全市经济社会发展全局、"关键抓发展、重点抓农村、核心抓统筹"的发展战略。凭借坚实的财力支撑，济源农村基础设施建设开始发力，加快缩小农村与城市的发展差距，累计新建改建干线公路104公里、农村公路915公里，在全省率先实现行政村"村村通"硬化路、行政村通公交车率达到90%；建成了布袋沟、东山集中引水解困工程和18处山区小型饮水解困工程、111处平原农村饮水安全工程，解决了171个村、21万人的饮水困难和饮水安全问题；农村通讯覆盖率100%、电视综合覆盖率98%；完成了1198户、5000多农民的搬迁扶贫工程，安置西霞院工程库区移民559户、1766人；开展了农村环境集中整治，大力实施造林绿化、农田水利和土地开发整理工作，累计造林25万余亩、通道绿化1152公里，改造中低产田5.8万亩。同时，济源坚持不懈推进农村产业结构调整，持续加大对农村的财政投入，累计安排专项奖补资金3200万元，扶持蔬菜、林果、烟叶、花卉苗木等特色产业基地规模扩张，新建和改造规模养殖场390个，规模养殖户达8021个，畜牧业占农业总产值比重达41%。

（二）反哺农村阶段：2007～2010年

从2007年到2010年，面对国际金融危机等严峻形势和诸多挑战，济源坚持用城乡一体化统揽发展全局，围绕"工业向集聚区集中、土地向规模经营集中、人口向城镇集中"的工作思路，实现了经济平稳较快发展、综合实力显著提升和城乡一体化的加快推进。

在这个时期，济源把推进城镇化和改善民生结合起来，城镇化的水平和质量得到大幅提升。建立健全社会保障体系，形成了由城镇职工养老保险、城乡居民养老保险、新型农村养老保险、最低生活保障、五保户供养、失地居民社会保障、敬老补贴构成的覆盖城乡的社会保障体系，养老保险覆盖率达到98.6％，低保和五保户实现应保尽保。建立完善医疗保障体系，形成了由城镇职工医疗保险、城镇居民医疗保险、新型农村合作医疗、大病医疗救助构成的覆盖城乡的医疗保障体系，医疗保障覆盖率达到96.6％。建立完善就业服务体系，认真抓好农村富余劳动力、"4050"人员等群体的职业技能培训，实行职业中专免费教育，认真落实小额贷款、职业介绍、劳务输出、就业援助、公益性岗位等政策，促进了城乡新增劳动者和进城务工人员就业，基本动态消除零培训、零就业家庭。优化配置优势教育资源，高中、初中、小学分别向中心城区、镇区、中心社区集中，目前集中率达到98％以上，取消各种歧视性规定和收费，确保进城务工人员子女方便入学。完善卫生服务体系，形成了由市级医院、镇卫生院、村（社区）标准化卫生所构成的卫生服务体系。深化医疗卫生体制改革，努力解决看病难、看病贵问题。完善文化体育设施，形成了由中心城区综合文化体育设施、镇文化站、村文化中心构成的文体活动体系，丰富了城乡居民的业余文化生活。

（三）机制创新阶段：2011年至今

随着新型城镇化、工业化进程的全面加快，济源城镇化率已达到53.4％，而且广大农民进城镇、进社区的意愿强烈。自2011年起，济源在继续抓好产业集聚发展、城镇功能完善、现代农业示范区建设的同时，开始全面推进户籍管理制度改革、土地产权制度改革、城乡社会保障制度改革、公共财政保障制度改革、农村金融体制改革、行政管理体制改革等诸项改革，并取得了一定成效。

三、探索农村产权制度改革

济源市的农村产权制度改革始于 2007 年。改革先从集体林权制度入手，后来推广到小型农田水利设施产权制度改革，最终演变为农村产权制度综合改革。2013 年，济源市委、市政府出台《关于开展农村产权制度改革的指导意见（试行）》，明确提出要在全面开展农村"七权"（文件规定为"六权"，实质上是"七项权利"）确权登记颁证基础上，推行以"两股、两改、两建"为主要任务的农村产权制度综合改革。所谓"七权"，主要是指农村集体土地所有权、土地承包经营权、林地使用权、集体建设用地使用权、宅基地使用权、房屋所有权和小型农田水利所有权。所谓"两股"，是指推行农村集体资产股份化改革和农村土地股份化经营。所谓"两改"，是指改革村级治理体制、实行政企分开，改革农村集体建设用地制度、逐步建立统一的城乡建设用地市场。所谓"两建"，是指建立新型农村合作经济组织、培育新型农业经营主体，建立农村产权交易平台。其改革主要分为三个阶段。

第一阶段（2007 年～2011 年 6 月）：主要以农村承包土地流转、林权改革等为主要任务。截至目前，济源市通过土地入股、村企联姻、大户带动、荒坡开发、基地＋农户等方式，累计完成土地流转 40.5 万亩，组建市镇土地流转服务平台 13 个，整村实现土地流转 53 个，济源市100～1000 亩种植户 23 个，1000 亩以上"农场主" 21 户，形成了蔬菜、养殖、林果、苗木等支柱产业，基地面积超过 20 万亩。林权制度改革进展顺利，已完成 134 万亩集体林地的明晰产权任务，均分到户 67 万亩，均股均利 49 万亩，大户承包、期权分山 9.5 万亩，集体经营 7 万亩。累计组建各类林业合作经济组织 65 个，开展林权流转 6 宗、9000 余亩，办理林权抵押 8 宗、630 万元。

第二阶段（2011 年 7 月～2012 年 10 月）：以农村集体土地所有权确权、承包土地经营权确权试点为主要任务。目前，济源市范围内的集体土地所有权外业测量工作已完全结束，4 个土地承包经营权确权试点基本结束，登记颁证正在进行。小农水工程确权率达 95％以上，但由于水利工程公益性强、水价尚未市场化等因素制约，社会资金不愿涉足水利项目，市场化改革进展缓慢。选择了 5 个居委会进行集体资产股改，清产核资、股民界定正在进行。

第三阶段（党的十八大以后）：济源按照"加快完善城乡发展一体化体制机制，促进城乡要素平等交换和公共资源均衡配置"的新要求，重新调整了农村产权制度改革的工作思路，并且选择了 5 个试点镇开始综合推进改革实验。改革的总思路是，在全面开展农村"六权"确权颁证的基础上，推行以"两股两改两建"为主要内容的农村产权制度改革。从 2013 年起，济源市计划利用 3 年左右时间，到 2015 年底基本实现农村资产、资源的权属明晰化、配置市场化、要素资本化和监管规范化。

四、推进城乡金融资源均衡配置

（一）城乡金融发展差距

截至 2011 年 6 月，济源市共有政策性银行、国有商业银行、农村商业银行，邮政储蓄银行、村镇银行等存款金融机构 8 家，营业网点 107 家，从业人员 1280 人；共有保险机构 18 家，市辖区仅有国泰君安证券营业部一家证券经营机构；包括民间借贷在内的各类民间金融的规模已经达到 10 亿元。

在济源的金融系统中，涉农机构主要有 5 家，分别为农业发展银行、农业银行、农村商业银行、邮政储蓄银行、澳洲联邦（济源）村镇银行，另外小额贷款公司也有部分涉农贷款。然而，从实际支农效果来看，农商行是当前农村金融供给的主力军，在历年济源市农业贷款与乡镇企业贷款中，农商行（2010 年 4 月之前为农村信用社）贷款占比高达 90% 以上。虽然在形式上，济源市构建了以合作金融为基础，商业性金融、政策性金融分工协作的农村金融体系，但是在实际中却呈现出不断被"边缘化"的趋势。

这主要体现在农村金融结构呈现出日益单一的局面。国有银行出于防范金融风险的需要和市场化改革显现出来的趋利性因素，纷纷缩减了在基层的营业机构，尤其是乡镇一级，从而造成农村金融机构大幅减少的现实格局。目前济源市多数地区对农户、个体工商户和中小企业贷款基本上只剩下农商行这一渠道。而由于规模受限，农商行在服务"三农"的过程中明显独木难支。作为政策性金融的主要承担者的农发行，实际上基本只负责粮棉油收购资金的发放和管理，其他政策性业务并没有有效运作起来。邮政储蓄农村网点众多，在农村金融市场本具有天然优势，但由于成立较晚，信贷人员力量配备不足且缺乏业务经验，再考虑到过去"只存不贷"的长期传统，目前业务开展较为缓慢，难以满足"三农"发展需要。村镇银行由于尚处于起步阶段，规模较小，品牌知名度不高，在与其他金融机构的市场竞争中处于劣势地位，支农作用仍旧有待发挥。

据预计，从现在起到 2020 年，济源市在推进农民市民化、乡村城镇化、农业现代化的过程中将蕴含着巨大的金融需求。一是城乡改造、新型农村社区建设，需要大量建设资金。济源未来几年时间里，将有 14 万农村人口、外来人口移民搬迁到城镇就业和居住，动迁安置房、小区配套和市政基础设施建设将成为首要任务。按每名进城农民拉动固定资产投资 10 万元计算，济源城镇化建设就有 150 亿元的资金需求，平均每年 21 亿元。二是工业向园区集中需要大量建设资金。建设大批工业基础设施，扶持中小企业发展壮大，需要推动城乡建设用地空间置换，需要民间资本充分介入，需要金融机构的大力支持。三是促进承包土地规模经营需要金融支持。农民居住向社区集中，大量土地实现规模流转，将会出现众多的农村社区股份合作、土地股份合作、农民专业合作等新型农业经营方式，特别需要得到金融支持。四是进城农民信贷需求将大大增加。农民转变为城镇居民后，收入提高后对财产保值增值的需求大增，相当一部分农民将不再从事农业生产，而去领办创办小微企业，创业贷款、流资贷款和消费贷款将较为迫切。

因此，大量的金融和资金需求迫切要求济源市要不断深化农村金融改革，完善投融资体制，加大农村金融制度创新力度，缩小金融资源在城乡间配置差距。

（二）农村金融改革面临的问题

当前，济源市的农村金融改革创新在探索中前行。为配合农村产权改革工作，2012年底制定了集体建设用地使用权抵押融资管理办法、农村土地承包经营权抵押融资管理办法、新型农村社区房屋抵押融资管理办法、林权抵押融资管理办法等政策性文件，为农村产权改革提供相关依据，并根据农村产权制度改革的进度，推进产权抵押融资工作；在2012年引进了澳洲联邦村镇银行，注册资金8000万元，累计为"三农"发展提供信贷资金1.3亿元；积极推进国家开发银行支持现代农业发展的金融创新，市建设投资公司出资组建了济源市富民农业发展有限公司，健全了"四台一会"，目前国开行已确定首批15家企业、农业合作社4300万元的信贷额度。

1. 体制机制障碍

农民市民化、乡村城镇化、农业现代化将蕴含着巨大的金融需求，靠有限的政府财力肯定是远远不够的，迫切需要深化农村金融改革。但问题在于：一是镇（街道）政府、产业集聚区缺乏投融资功能。缺少国企性质的投融资平台、必要的土地收储权、开发运营权。二是村、组农民集体不是市场法人主体。由于农村土地等资源资产的所有权、使用权、处分权归属不清晰，98％以上的行政村没有建立独立法人资格的农村集体经济组织，村委会行使着集体资产经管职能，银信部门不愿意对村委会开展借贷业务。三是农村金融竞争不强，农民借贷门槛较高。当前，农村正规金融机构覆盖率较低，没有形成竞争局面，75％的"三农"贷款需求难以得到满足，61％的农户借款要通过民间借贷实现。四是农村产权抵押物严重不足。农村归属清晰、内容完整的权属制度还没有建立起来，实现农村土地承包经营权、农村集体建设用地使用权等产权抵押，实现农户住房抵押或按揭贷款，与《担保法》、《物权法》等现行法律之间存在一些矛盾，受到一些限制。五是农村信用担保发展滞后。农村信用担保机构规模小、担保方式单一、农业保险覆盖面小，农村金融生态环境并不理想，无法满足种养大户和中小企业的担保需求。六是农村新型金融组织少。济源仅有1家村镇银行。我国村镇银行、资金互助社、小额贷款公司的审批门槛较高，给民间金融、地下钱庄盛行提供了空间，抬升了农民融资成本。这些都是改革滞后的领域，亟须研究解决。

2. 投入不足

由于资本的逐利性和市场偏好，各类金融机构在改革发展过程中盲目追求规模与影响力，一味扩大对城市金融的服务比例，服务重点对象仍是城市居民，造成农村金融投入不足的局面。很多金融机构撤并农村网点，扩大城区机构占比，对县以下地域的服务资源投入逐渐减弱，造成农村地区金融服务尚未实现全面覆盖的现状。

3. 创新乏力

农村金融需求有别于城市金融需求，针对农村金融需求缺乏完善的金融服务手段和工具，金融产品单一，多数银行将城市金融的产品和服务模式简单搬到农村，严重忽视了农村金融与城市金融之间存在的巨大差异，造成金融服务模式一元化与城乡二元化金融需求相背离的现状，呈现出农村金融城市化的偏差。比如，一方面，在农业生产和经营活动中发挥重要作用的农村耕地、林地等生产要素产权属集体所有，无法进行市场交易；另一方面，农民的宅基地等，因农民只拥有使用权，无法进行市场交易。涉农企业和农民缺乏抵押品和担保品，使得许多银行照搬到农村的抵押贷款和担保贷款等城市化金融产品难以适用于"三农"。涉农贷款产品与担保方式创新不够、农村信贷投入不足的问题，是近年来中央1号文件中相关要求无法落实到位的根本原因。

（三）改革思路与对策

推动城乡金融资源均衡配置，进一步深化金融改革，通过加大贷款增量奖励政策力度，降低农信社准存率、营业税率等方式，降低商行到农村领办村镇银行的门槛，引导社会信贷资金进入，鼓励商业银行扩大涉农贷款支持业务，同时积极发展小微金融，形成与城乡一体化相适应的多元化金融服务主体；扩大农业保险覆盖面，保障农民的生产积极性和生活稳定性。

一是发展新型农村金融组织。支持组建为创新、创业和"三农"服务的地方性股份制商业银行。鼓励省内外具有资格的商业银行到济源发起设立股份制村镇银行，支持优质民营企业参股村镇银行。鼓励国有企业、优质民营企业、省内外民间资本和自然人共同出资组建小额贷款公司，推动符合条件的小额贷款公司改制为企业控股、银行参股的新型村镇银行，解决农业产业化项目融资难问题。支持有条件的镇依托专业合作社设立农村资金互助组织，引导和规范农村融资行为。

二是推动农村产权抵押融资。完善农村各类产权抵押融资管理办法，鼓励城乡金融机构开展农村住房、林权、承包土地经营权等资产和用益物权抵押融资业务，支持农村集体建设用地用于商业、旅游等经营开发并用其经营性收益进行融资。健全抵押权实现机制，加快建设农村综合产权交易平台。设立政策性的农村产权抵押融资担保公司、风险补偿基金和农村资产经营管理公司，深入推进农业保险业务，分担经办银行开展农村产权抵押业务的金融风险。发展农村产权资产评估中介机构，满足农村资产和权益评估要求。

三是创新支农金融产品。做大做强政府投融资平台，争取农发行、国开行对新社区建设、农业产业化、水利建设的中长期贷款支持。实行新社区项目建设的公司化运作，鼓励金融机构加大新社区建设的贷款支持，创新政策给予农民置换房办理按揭贷款。强化对种养大户、家庭农场、专业合作社和农业产业化龙头企业的政策扶持，培育融资经营能力强的新型市场主体。鼓励和引导金融机构信贷资金支持"龙头企业或专业大户＋基地＋农户"产业化经营群和基地建设，促进农村"产加销"一体化。

五、促进城乡公共资源均衡配置深化

（一）公共资源均衡配置的主要体现

济源在推进城乡一体化过程中，加快构建城乡一体、全面覆盖、标准领先的基本公共服务供给体系，公共财政进一步覆盖农村，强力推进就业服务、社会保障、医疗卫生、教育发展、文化建设等方面的基本公共服务均等化。

在就业服务方面，济源市从 2006 年起确立统筹城乡就业的工作思路，至今已累计投入 1.4 亿元就业扶持资金，2008 年将职业介绍补贴、技能培训补贴、小额担保贷款等"七补一贷"政策扩大到城乡各类劳动者。2012 年累计发放贷款 1.819 亿元，新增小企业贷款 1940 万元；通过济源市 16 个镇（街道）基层人力资源社会保障服务平台，实现了各项业务就近就地办理。

在社会保障方面，在 2008 年出台实施了《济源市城乡居民社会养老保险试点暂行办法》（2012 年正式出台实施办法），与新农保制度顺利并轨，使得济源市城乡居民养老保险人员达到 29.86 万人，参保率达到 99.26%，率先在全省实现养老保险全覆盖。2011 年统一了城镇居民医疗保险和新型农村合作医疗制度，取消户籍身份之分、允许城乡居民自由选择参保，满足了不同人群的医疗保障需求。

在医疗卫生方面，累计投入 4 亿多元，对市级医院、镇级卫生院、社区（村）卫生服务中心进行扩建、改造、提升，让农民在家门口享受到与城里人一样的医疗卫生服务。启动了健康城建设项目，着力打造集三级综合医院、公共卫生服务中心、中医院二期建设、残疾人康复中心以及老年公寓为一身的医疗卫生服务综合体。同时，济源市新型农村合作医疗参合率为98.5%，2003年以来累计报销343万人次，补助总金额达4.5亿元。

在教育发展方面，坚持以教育集聚带动人口集聚，均衡配置城乡教育资源。济源市累计投资8亿余元，按照"高中向市区（组团）集中、初中向市（镇）区集中、小学向社区（中心村）集中"的思路，快速推进市区教育资源整合，基本解决了市区"大班额"和进城务工子女就学问题，在全省率先实施了免费中职教育，率先免除了山区镇义务教育阶段学生的杂费。

在文化建设方面，一是强化文体设施建设。建成投用了市图书馆、群艺馆、博物馆"三馆"，建筑面积2.1万平方米，藏书达76万册，馆内所有公共空间、设施及服务项目全部免费开放，实现无障碍、零门槛进入。二是强化基层镇文化阵地建设。累计投资1500余万元，完成了除大峪、承留外的所有镇级综合文化站建设；采取以奖代补的形式投入540万元建成了270个农村文化中心示范村。三是实施农村电影放映工程。四是积极实施文化信息资源共享工程建设。五是实施广播电视"村村通"工程。六是开展"舞台艺术送农民"演出活动。

（二）城乡公共资源均衡配置面临的问题

济源市公共财政进一步覆盖农村面临诸多困难，包括城乡公共资源均衡配置制度供给缺失，推进城乡公共资源均衡配置所需资金缺口不断加大等。

一是推进城乡公共资源均衡配置所需资金缺口不断加大。近年来，济源市按照城乡一体化发展和"以工促农、以城带乡"的要求，逐年加大了对农村的扶持力度，2004年本市财政用于支持农村和农业发展的资金是2470万元，2012年达到了5.28亿元，年均增长30%以上。但是，这些资金要分散用于农村水、电、路、通讯、能源、居住条件等基础设施的改善，农村教育、文化、卫生、信息等各项事业的发展，农村富余劳动力的培训和转移，农村养老保险、医疗、低保等社会保障体系的建立等各个方面，有限的资金投入与加快推进城乡一体化的迫切要求之间，有很大的差距。在新农村建设方面，目前大部分农村集体经济收入甚微，而推进新农村建设需要做的项目又很多，基础设施和公共服务体系建设资金投入缺口依然较大；小城镇建设方面，受地理位置偏远、基础设施落后等因素影响，市场筹得少、银行投得少、向上争得少，小城镇建设只能依靠农民进镇建房，资金短缺成为制约城镇发展的"瓶颈"；财政管理方面，市与镇之间没有县级机构，在省安排县级补助时市不能享受，在计算地级市转移支付时把济源作为县对待，上级要求地方安排配套资金时又要求济源同时作市、县两级配套。另外，国家部委安排的专项资金有时会直接拨付到项目所在地市，由于济源市省直管体制在中央不认可，在拨付资金时常常直接拨到焦作市。这些给济源市财政发展带来较大影响。

二是公共服务的制度框架和保障水平与城市差距还很大。济源虽然在2007年就已经开始了户籍管理制度改革，取消了"农业"和"非农业"户口登记，统一登记为"济源市居民户口"，但在实践中，由于涉及方方面面，配套制度还不够健全，现阶段还存在居民频繁到派出所开具"农业"和"非农业"户籍证明，办理各种其他部门相关手续现象，如"阳光工程"及市部分驾校规定开具农业户籍证明可享受优惠政策等。同时，由于地权、物权、计划生育等国家大法影响，要想真正消除黏附在户口上的各项利益和社会公共服务的城乡差距难度还很大。例如，虽然济源市中小学校布局不断调整，镇卫生院和村标准化卫生室建设力度不断加大，但由于人才、信息、设施等优势资源主要集中在城市，因此在就学、就医上，造成城乡公共服务的不均等；城乡最低生活保障在标准和实际收益程度上有很大区别，城乡两别现象明显存在。

（三）促进城乡基本公共服务均等化的建议

一是进一步加大财政支出转移支付力度。在转移支付时应明确济源地级市身份，以便更多、更好、更有效率地补贴和支撑市域城乡公共资源均衡配置。

二是建立乡镇政府财权与事权相匹配的制度。建议首先建立起以乡镇基本财力保障为主的评价体系，对乡镇财政支出管理进行绩效评价，并加强相应的监督、约束与激励，引导乡镇政府优化支出结构。深化公共财政覆盖农村的广度和深度。

三是加大制度供给力度。按照党的十八届三中全会《决定》精神，整合城乡居民基本养老保险制度、基本医疗保险制度，推进城乡最低生活保障制度统筹发展，在农村地区实现公共福利的广泛覆盖，并逐步实现城乡制度并轨，逐步建立"高水平、广覆盖"的城乡一体的社会保障制度，提升农村保障水平。

六、结论和建议

在下一步全面深化改革的整体部署中，济源市要保持近年来的政策取向和发展势头，把促进城乡之间要素平等交换作为改革着力点，继续推进城乡之间公共资源均衡配置和基本公共服务均等化。

一是建立健全城乡生产要素平等交换机制。在全面开展农村土地、房屋等确权颁证的基础上，推行以"两股两改两建"为主要内容的农村产权制度改革，全面激活农村生产要素。

二是建立归属清晰、流转顺畅的现代农村产权制度。维护农民生产要素权益，保障农民在劳动、土地、资金等要素交换上获得平等权益，为农村人口向城镇转移和集聚创造条件。

三是消除制约农村劳动力转移的体制性障碍。深化户籍制度改革，统筹城乡公共就业，促进劳动力要素充分流动，并建立进城人口市民化机制。

四是统筹建立和完善城乡社会保障体系。进一步推动城乡公共资源均衡配置，要统筹城乡基础设施建设和社区建设，大力推动社会事业发展和基础设施建设向农村倾斜，加大公共财政对农村基础设施建设覆盖力度。

执笔：徐小青　伍振军

案例分析三
江苏省淮安市城乡发展一体化案例分析

近几年，淮安市经济社会保持较快发展。2012年，实现地区生产总值1920.91亿元，按可比价格计算，比上年增长13.1%。三次产业比例为12.9∶46.3∶40.8。人均GDP达到39992元，按当年平均汇率计算，折合6335美元。同时，淮安市为破除城乡二元体制做了大量工作，通过统筹城乡经济社会发展，促进城乡共同繁荣发展。

一、推进农村劳动力转移

（一）农村劳动力转移状况

淮安市劳动力资源丰富，一产从业人员占总就业人口的25%，而一产增加值在三次产业结构中的比重只有12.9%，农业劳动生产率与第二、第三产业存在较大差距。2012年，淮安市农村劳动力输出总量106.4万人，占农村劳动力总量的一半。在净流出的66.8万人口中，大部分是青壮年劳动力。近几年，淮安市经济发展较快，为吸纳农村富余劳动力奠定了一定的经济社会基础，逐渐具备了有序推进农业转移人口市民化的条件。但是淮安市农村劳动力转移无组织、自发性现象突出，而且转移劳动力大多只能从事体力型低端行业。这部分转移人口很难融入城镇生活，大多只是在城里打工，以后还要回到农村。近年来，淮安市在民政、劳动保障、教育、计划生育等方面的改革也取得了明显进展，户籍制度改革也在有序进行，农村剩余劳动力向城镇转移逐步加快。

（二）探索户籍管理制度改革

2003 年，淮安市就规定，凡是具有合法、稳定、固定住所或职业（生活来源），二者有其一，经批准后，本人、配偶及共同居住的直系亲属就可以在购买、自建房屋或租赁房屋所在地办理入户手续。凡年度累计缴税达到一定数额（国有、集体企业超过 10 万元，私营企业超过 3 万元，个体工商户超过 0.5 万元），可为其在淮有固定住所的投资人或企业的主要管理人员办理一户市区户口（限父母、夫妻和未婚子女）。2010 年，淮安市政府进一步放开落户条件，规定凡在淮安市连续务工、经商办企业两年以上，或购买商品房，或一年纳税 3 万元以上，并参加社会养老保险的人员，均可自愿申请入户。目前，淮安市已取消对申请迁入城市投靠亲属的条件限制。属投靠配偶的，不受年龄、婚龄限制；属父母投靠子女的，不受身边有无子女的限制，年龄放宽到 50 周岁；未婚子女投靠父母的，不受年龄限制，在户籍改革方面迈了一大步。

（三） 进一步促进农村劳动力转移工作的探索

淮安市破除城乡二元劳动力市场结构，进一步促进农村劳动力转移的探索主要包括以下几个方面。

一是对农民工从业人数比重较大的行业制定实行最低工资标准。针对农民工讨薪难的问题，建立健全工资支付监控、工资保证金等制度，构建农民工工资支付保障体系。

二是推进农村土地流转。2012 年，淮安市共流转土地 191 万亩，占承包地面积的 38.8%，比江苏省的平均水平仍然低了将近 10 个百分点。淮安市在推进农村土地流转过程中，确保农业转移人口的主体地位，保障农业转移人口的土地收益。

三是完善社会保障制度。逐步将农业转移人口纳入所在城镇的养老保险、医疗保险、最低生活保障和住房保障体系等社保覆盖范围，为农业转移人口的生存和发展提供同等的社会保障。

四是健全就业制度。出台针对农业转移人口的就业促进政策，逐步建立统一、规范的人力资源市场。同时，努力消除招工歧视、招工诈骗、非法招工等行为，切实保障农业转移人口的合法权益。

二、推动农村金融改革发展

淮安市农村金融发展很快，已经实现了农村金融网点全覆盖，全市农合机构"阳光信贷"工程也发展迅速，淮安银监分局积极探索农村新型担保机制等。但淮安市城乡金融发展差距仍然较大，农村金融不管从总量上还是从创新活力上都与城市金融有明显差距，农村金融产品和金融需求不匹配现象突出。

（一）农村金融供需矛盾明显

一是农村贷款难问题较为突出。一方面，农业产业经济效益低，受自然环境影响较大，难以获得稳定的有保障的回报；另一方面，农村贷款主体经济实力薄弱，贷款额度小，贷款风险大。这些都造成农村贷款难，利率高。另外，农村贷款难问题还表现为市场主体缺乏、贷款资金不足、审批手续复杂、抵押物品缺乏、贷款成本较高等。

二是农村新型金融组织发展滞后。截至2013年12月，淮安市已开业的6家村镇银行存款总额仅15.2亿元，贷款总额仅14.6亿元。存贷款规模都较小，市场发育不充分。

三是对农村金融支持力度不够。如《淮安市政府办公室关于实施农村金融服务三大工程的意见》中提到，农村金融服务"三大工程"中，金融服务进村入社区工程投资预算为2.29亿元，由村镇银行发起人和相关机构自筹。阳光信贷工程投资预算为1500万元，由各农合机构自筹。富民惠农金融创新工程投资预算为200万元，由试点机构自筹。尽管规划很好，但是所需资金都是由机构自筹，可能会降低金融机构支持农村的积极性。

（二）农村金融改革进展

淮安市农村金融发展迅速。2013年初，淮安市将提升农村金融服务能力列入"2013年市政府为城乡居民办十件实事"之一。目前，各农村中小金融机构通过在城乡结合部、行政村、自然村等区域设立"快付通"便民服务点，让广大农户足不出村即可享受到查询、转账、消费和小额支付等基础金融服务。辖内农合机构共布设"快付通"终端1626台，已实现全市所有行政村"便民金融服务村村通"全覆盖。截至2012年11月底，全市农合机构阳光信贷授信54万户、181亿元，比年初增加11万户、49亿元，用信14万户、52亿元，比年初增加4万户、7亿元，授信面和用信面分别为59.18%和15.12%。

农村金融服务能力提升还包括实现村镇银行农业区域全覆盖，建立惠农担保机制，实现全市农村合作金融机构创新惠农金融产品全覆盖这两项工程。继金湖民泰、盱眙珠江、涟水太商、洪泽金阳光等4家村镇银行成功实现县域全覆盖后，淮安市2013年在淮安区、清浦区和淮阴区各新增1家村镇银行，实现村镇银行涉农区域全覆盖。全市农村中小金融机构发放各类金融创新产品贷款近4亿元，较好地满足了农村金融服务的多元化需求。

（三）面临的问题

一是农村金融硬件设施不足。在城市金融快速发展的过程中，很多金融机构撤并农村网点，不断扩大城市网点数量，造成很多农村地区尚未实现网点全覆盖，也没有采取一些特别的金融服务手段和工具来满足农村地区存汇款、小额贷款等金融需求。

二是金融服务模式与需求不相匹配。多数银行将城市金融的产品和服务模式简单搬到农村，严重忽视了农村金融与城市金融之间存在的巨大差异，造成金融服务模式一元化与城乡金融差异化需求相背离的现状，呈现出农村金融城市化的偏差。

三是农村金融扶持政策不够。农村金融服务成本高，效益低，风险大，开展农村金融工作困难，金融机构逐步撤出农村，进一步加剧了农村金融供需矛盾。

（四）改革的方向

一是进一步健全农村金融机构体系。应降低在农村办村镇银行的门槛，引导社会资金进入，重点培养农村中小金融机构。应大力支持农村信用合作社、邮储银行等扎根农村的中小金融机构，发挥其网点优势，提高服务质量，将各级支农政策落实到农户手中。

二是提升农村中小金融机构产品与服务的创新能力。新型城镇化发展过程中将伴随着农村金融需求快速增长，会在基础设施、产业发展、改善民生和环境保护等多方面对金融服务提出更多需求。需要通过构建适应新型城镇化发展的农村金融服务体系，有效解决新型城镇化过程中金融需求与供给之间的矛盾。

三是完善农村金融扶持政策。通过政策约束和扶持，促进县域内银行业金融机构新增存款主要用于当地发放贷款。落实县域金融机构涉农贷款余额增量试点奖励政策，对金融机构涉农贷款余额增量超过15%的部分，按2%给予奖励。落实新型农村金融机构定向费用补贴政策，对符合条件的新型农村金融机构按年末贷款余额的2%给予补贴等。解决新型农村金融机构规模小、实力弱、经营成本高，抵御风险和持续发展能力不足问题。

三、促进城乡公共资源均衡配置

（一）公共资源均衡配置进展

一是农村基础设施建设得到加强。淮安市先后投入 58 亿元完善小城镇基础设施，实现四级公路"村村通"。同时，大力发展城乡客运服务，2012 年镇村公交新增 11 个乡镇，2013 年再增加 12 个乡镇，镇村公交覆盖率达到 20%。同时，确保行政村客运班车通达率稳定在 100%（岛屿村除外）。

二是城乡社会保障体系逐步完善。淮安市被国务院表彰为"新型农村和城镇居民社会养老保险工作先进单位"。比如，淮安区全区 34.72 万适龄农民参保率达 99.15%。实现医保全覆盖，淮安区农民实际参保人数 87.07 万人，参保率达到 100%。淮安区养老保障水平提高，将分散供养标准由每人每年 3700 元提高到 5000 元，集中供养标准由每人每年 4500 元提高到 5800 元。

三是公共服务体系健全。淮安市在全省率先研发开通"招工求职 E 通"服务系统，依托淮安求职网，整合了因特网、数字电视、移动通信等三网，在省内率先实现了招聘信息网络、电视、手机、户外 LED 屏、政务内网多平台互动。淮安市文化共享工程社区基层服务点实现全覆盖，行政村健身点提档升级全面完成。淮安市优先发展教育事业出成果，全市所有中小学硬件条件均达到省三类以上标准。

（二）面临的问题

一是农村公共基础设施投入仍然不足，农村公共基础设施仍然滞后。淮安市虽然已经实现农村道路村村通，但68%的镇村道路只有3.5米宽；一级路乡镇通达率只有58.2%；淮安市镇村公交开通率在2012年仅12.2%，而省均38%，淮安市全省最低。乡镇区域供水覆盖率30%，苏北平均达42%。农村垃圾处理率更是不到40%。

二是公共服务供给不足。中心城区中小学生均固定资产是农村的2.2倍；城镇30岁以下小学教师数量是农村的3.3倍；而51岁以上老教师，农村是城镇的2倍。高级职称医护人员数量，城市是乡镇的4.6倍；每万人拥有住院床位数，城市是农村的2.2倍；万元以上医疗设备，乡镇仅占20%。

三是城乡社会保障差距较大。城镇职工医保报销比例为81%，而"新农合"只有53%；城镇低保标准为380元/月，农村只有260元/月；城镇职工养老保险人均年缴费4000元以上，而农村不足1000元。

（三）促进城乡公共资源均衡配置

促进城乡公共资源均衡配置，需要加大公共财政农村基础设施建设覆盖力度，统筹城乡基础设施建设和社区建设，推动社会事业发展和基础设施建设向农村倾斜。统筹城乡文化卫生事业发展，推进城乡义务教育资源均衡配置，健全农村三级医疗卫生服务体系，实施农村重点文化惠民工程等。建立城乡均等的公共就业创业服务体系。健全新型农村社会养老保险政策体系，推进城乡居民基本养老保险制度、基本医疗保险制度、最低生活保障制度并轨，努力缩小城乡差距。

四、促进城乡生态互动良性化

城乡共处一个生态圈，城乡发展一体化要求城乡和谐发展。美丽农村建设得好，将对城市环境起到巨大的支撑作用。比如退耕还林后，土壤涵养水源的能力得到加强，同时，在保育土壤、固定二氧化碳和供给氧气等方面也有显著提升，这些都将对城市生态改善发挥巨大作用。城市生产生活产生的污染物得到无害化处置，而不是简单地排向农村，有利于乡村环境的治理。

（一）淮安市城乡环境整治和生态保护举措

淮安市对城乡环境综合整治投入较大。2012 年，淮安市新开工建成 38 个乡镇污水处理厂。全市累计建成 97 个乡镇污水处理厂，乡镇医疗处理设施 109 个，改造乡镇集镇农贸市场 116 个；完成疏浚县乡河道 323 条、总计 1136 公里，完成土方 1816 万方。新建5400 处户用沼气池，全市累计 13.6 万只；新推广秸秆沼气池 5150处，累计推广 3.5 万处。创建 95 个省级畜禽生态健康养殖示范基地，13 个良种化畜禽示范场，8 个畜牧业新型合作经济模式示范单位。

生态保护和建设措施有力。淮安市林业部门根据《江苏省生态公益林条例》《江苏省生态公益林区划界定办法》，对省级生态公益林数据库进行调整更新，全市 2013 年新增重点生态公益林 31150 亩，总面积达 57.0684 万亩，超额完成全市重点生态公益林保护建设任务。淮安市获得森林生态效益补偿省级以上重点公益林面积 53.96 万亩，补助标准为每亩 23.75 元。2013 年获得森林生态效益补偿资金 1280 余万元。该资金主要用于补助县区省级以上生态公益林管护者发生的营造、抚育、保护和管理支出，其中对管护者购买劳务的支出比例不得低于补助标准的 50%。

（二）成效

通过长期努力，淮安市城乡环境综合整治和生态保护取得一定成效。淮安市金湖县、清浦区在苏北率先建成省级生态县区。全市创成 37 家国家级生态乡镇，创成 52 家省级生态乡镇，累计创成 83 家省级生态乡镇；新建成 14 家省级生态村、609 个市级生态村，累计建成 1080 个市级以上生态村。2012 年度淮安市环境质量综合指数省厅初步测算结果为 91.2 分，位于全省前列：环境空气良好天数达标率为 89.8%，集中式饮用水水源地水质达标率 100%，水域功能区水质达标率 92%，功能区环境噪声达标率 96%，公众对城乡环境保护满意率 80.5%。

淮安市计划在 2020 年前，加快农业生态建设。实施防护林、绿色村庄、绿色通道、农田林网、苗木基地等五大建设工程，全面提升造林绿化水平，林木覆盖率保持在 26% 以上。

五、政策建议

淮安市城乡发展一体化取得了积极进展，特别是在户籍制度改革、农村金融改革、城乡公共资源均衡配置和基本公共服务均等化等方面取得了一定成绩。要保持住近年来改革发展的良好态势，努力破除城乡二元体制、最终消除城乡二元结构，淮安市还需要付出长期的努力。

（一）深化农村综合改革

进一步激活农村土地资源，积极推进农村产权制度、投融资体制改革。以"还权赋能"为核心，加快推进农村土地确权登记颁证，建立土地等产权交易市场，推进城乡建设用地"同地同价同权"。创新投融资体制，吸引社会资本参与城乡建设，促进农村资源资本化。

（二）推进社会保障和社会管理制度改革

有序推进户籍制度改革，完善普惠的社会保障体系。建立城乡统一的人力资源市场，积极推进"农民转市民"进程。加快简政放权，调整优化镇村建制，构建充满生机活力的村级治理机制，实现高效的行政服务。

（三）统筹城乡基础设施建设，加快公共服务均等化

加快城镇基础设施向农村延伸，通过城乡间基础设施的一体化实现城镇群的"同城化"。建立市县乡村层级分明、覆盖城乡、功能完善的综合公共服务体系。通过政府引导，财政支撑，向农村提供公共文化设施、产品、服务，保障农民群众的基本文化权益，缩小城乡文化差别。

（四）建立生态补偿机制

通过政策扶持引导，建立改善环境的长效机制。建好防护林、绿色村庄、绿色通道、农田林网、苗木基地等五大建设工程，全面提升造林绿化水平。推进洪泽湖东部湿地保护与恢复建设，提升现有湿地自然保护区和湿地公园的建设管理水平，创建一批国家级、省级湿地自然保护区和湿地公园。发展生态循环农业，以"生态乡村"凸显"美丽淮安"特色。

执笔：徐小青　伍振军

案例分析四
成都市龙泉驿区整村"农转市"案例分析

一、整村农民转为市民

成都市龙泉驿区万兴乡大兰村位于龙泉山脉深处，辖区面积 9.25 平方公里，农业户 468 户、1646 人，自然条件艰苦，经济社会发展困难。从 2007 年开始，龙泉驿区分期实施了整村移民进城变市民的模式（以下简称"农转市"模式）。到 2011 年，大兰村全村人口全部移民下山进城成为城市居民，实现了"三充分一持续"。

实现了充分安居。1646 名移民免费拥有人均 25 平方米的城市住房，实现了居住方式的转变，人均住房净资产 10 万元以上。

实现了充分就业。近 850 名可就业劳动力中，810 人已就业，就业率达 95%，年人均纯收入从 2007 年的 4120 元增加到 2012 年的 1 万元左右。

实现了充分保障。为符合条件的 1607 人按失地农民标准购买社会保障基金；男 60 岁、女 50 岁以上按月领取 740 元以上的养老金。

实现了可持续发展。为移民无偿配置人均 10 平方米的商铺作为基本生活保障，并实行统一经营、按股分红。为移民无偿配置的商铺总计 1.63 万平方米。

二、整村"农转市"的动因

龙泉驿区地处成都平原东缘，面积 559 平方公里，2008 年末常住人口 60 万，其中农业人口 35 万人，约占总人口的 58%。龙泉驿区平坝地区紧临成都中心市区，交通发达，经济发达，是成都市正在实施的城市化主体区域。但其东部山区，6 万农民面临"出行难、饮水难、就医难、上学难"等诸多难题。其中，部分山区由于严重缺水，农业靠天吃饭，群众收入微薄。2008 年，因为旱灾，大兰村人均纯收入仅 2000 元左右，远低于龙泉驿区农民人均纯收入 7255 元的水平。

近年来，龙泉驿区对东部山区实施组团帮扶工作，增加"三农"投入，但收效并不显著，难以从根本上提高农民的家庭收入和生活质量，反而造成了不少经济资源的浪费。对此，龙泉驿区委、区政府抓住成都市作为国家统筹城乡配套改革试验区和"5·12"地震灾后重建的机遇，在发展观念上发生了重大转变："与其'三公'（公共财政、公共设施、公共服务）进村愚公移山，不如两权流转移民下山。"

三、整村"农转市"工程的实施

龙泉驿区大兰村"农转市"模式有两大突出特点：一是整村移民以"两放弃"取得"三保障"（即放弃集体土地使用权，放弃村集体经济组织成员身份；成为市民后获得住房保障、就业保障和社会保险保障）[①]。二是"市场运作，以地生财"，在大兰村生态移民过程中，政府无资金投入，村集体组织无资金投入，农民自身无须资金投入。移民运作的资金来源于城乡建设用地置换的级差地租收益。公司利用开发的耕地指标的挂牌拍卖所得资金来支付移民安置的全部费用。

整村"农转市"工程的实施主要涉及 4 个利益主体：大兰村农民、万兴乡政府、大兰农民股份合作社、大兰银河富民投资有限公司。四者在其中的角色如下：

（一）大兰村农民

（1）大兰村农民填写《"参与大兰银河统筹城乡灾后重建生态移民富民惠民实践"入社申请书》，承诺"自愿长久放弃农村土地承包经营权（包括自留山、林权）、集体建设用地使用权（包括房屋所有权）和大兰村集体经济组织成员身份"，以 1.5 万元/人及农

---

① "两放弃"是当地人的通俗说法，实质上是一种有偿交换。这与一些地方要求进城农民以土地承包经营权、宅基地使用权换取城镇居民身份的做法并不一样。

村土地承包经营权、农村集体建设用地使用权、农村房屋产权和集体林地使用权入股。

（2）入股成立大兰农民股份合作社，成为股东。

（3）承诺"双放弃"（放弃土地、放弃农民集体组织成员身份）后，即转为龙泉驿区市民，享受市民待遇。

（4）接受大兰银河富民投资有限公司提供的安居房（人均25平方米）、股份保底分红、社会保障、搬迁装修费等，以及人均10平方米的商铺及统一经营分红。

（二）万兴乡政府

（1）万兴乡政府接收大兰村集体土地所有权，受"大兰村农民股份合作社"委托与银河公司进行交易谈判，统一流转原大兰村集体土地经营权，并协调、监督整个实施过程的公开、透明、公正，确保农民财产权的有效实现。

（2）在现行成都市土地流转政策下，协助区国土部门对银河公司的耕地项目工程验收并确权办证，依法征收耕地占用补偿费和农业产业收入的其他税收。

（3）协助政府所属的国土部门验收耕地的整理成果，确认新增的耕地指标和批准异地流转，同意在土地市场拍卖交易。

（三）大兰农民股份合作社

（1）按照自愿加入的原则，形成整村农民的集体土地产权实体和交易谈判主体。

（2）与银河公司进行土地转换为耕地的指标"期货"交易，

确定房屋、搬迁补助、社保缴费以及商铺资产入股等收益的交易协议。

（3）在移民后继续担任履约谈判主体和商铺资产股份的集体法人组织。

（四）大兰银河富民投资有限公司

（1）由大兰农民股份合作社、四川省银河投资股份有限公司、成都布罗森生态农业开发公司、成都市经济技术开发区建设发展有限责任公司，以1：3：3：3的比例出资成立具备独立法人资格的"大兰银河富民投资有限公司（以下简称"银河公司"），作为"大兰银河城乡灾后重建富民惠民生态移民综合实验"项目运作主体。各出资主体以股份额度享有相应的权利和义务。

（2）结合灾后重建，由银河公司按照政策标准制定补偿安置办法，并对大兰农民进行补偿安置，实施整村移民进城工程。

（3）银河公司统一经营流转后的原大兰村土地资源，构建山区现代农业发展体系。对原大兰村9.25平方公里山区进行生态恢复的科学规划和合理布局，大力营造生态公益林、生态经济林，完善配套旅游设施。

（4）实施土地整理，在确保耕地面积不减少、质量不降低，生态见效益，生产集约化的前提下，由银河公司取得土地综合整理项目主体资格，按照国土部门要求，对移民流转后的宅基地等集体建设用地进行整理和土地复耕。预计可以整理产生增减挂钩指标373亩。

（5）公司取得新增耕地指标的拍卖收益权，利用耕地指标收入支付移民和农业开发的有关投入及获取经营的必要利润。按照2012 年市场价格，增减挂钩指标 373 亩拍卖可以获得约 7.5 亿元。扣除前期支付给农民以及生态治理、土地整理等全部支出 3.2 亿元，公司大约可获得 4 亿元以上纯利。

四、整村"农转市"的特点分析

（一）与"农村居民集中居住模式"比较

在"农村居民集中居住"模式下，农村居民新的居住地点仍位于该村或乡镇范围内；当地的农村集体经济组织依然存在；居民的村集体经济组织成员身份并未改变。而大兰农民彻底异地迁居成为城市居民，移民的定居费用全部由土地收益解决，村"两委"还存在，并新成立其集体经济组织——大兰农民股份合作社。

（二）与"生态移民"模式比较

"生态移民"工程安置以农村为主，移民后的村民依然保留原村集体经济组织成员身份，生产项目以农业为主，政府需要用财政资金对移民进行经济"补贴"和建设新定居点。生态移民所涉及的土地通常全部转变为生态林地；新定居点的土地由政府与当地农村集体协商后以经济补偿等方式解决。而大兰整村"农转市"模式则为商业化运作的移民安置，原宅基地土地转变为新增耕地，农民则彻底脱离农村地域和农业生产而成为市民。

（三）与征地的失地农民身份转变模式比较

政府征收农村集体土地转变为国有土地，对失地农民提供经济补偿，补偿资金来源于土地"招、拍、挂"的部分收入。农村集体经济组织的耕地被全部征收的，依法撤销该农村集体经济组织的建制，原有农业户转为非农业户。而大兰整村"农转市"模式是公司商业化运作，以土地收入来解决移民的城市安置费用问题，移民的经济补偿相对更高。

五、启示与问题

大兰整村"农转市"模式实现了农村居民成建制整体移民的人口城镇化，形成了政府、企业、农民三方共赢的局面，给我们思考城镇化问题带来多方面启示。

启示一：土地能够成为农民变市民的主要经济来源保障。

从计划经济延续而来的我国二元经济社会制度安排的核心问题，是严格限制农民的土地财产权利。大兰整村"农转市"实践表明，只要承认农民的土地财产属性，允许进行合法交易，农民就有了成为市民的充足资本来源，或者说，农村经济发展就具有吸引外部资本投入的内生条件。

启示二：农民就地成建制市民化是推进城镇化的重要途径之一。

长期以来，在我国经济社会城乡分割的"大二元"结构格局中，各个行政辖区之间也存在严重分割的许多"小二元"结构，目前最突出的是财政福利资源不能轻易被外来人口分享，外来农民工成为异地居民的准入条件异常苛刻，导致农民跨区域变为市民相当于买彩票中大奖，概率极低。农民就地成建制的市民化则恰好避开了异地市民化的种种障碍，而且，有利于农村土地的现代化经营与环境优化，有利于政府对农民在城市的居住、就业、就学、社保等方面的安置、管理和服务，有利于扶持需要政府帮助的农民群体。当然，正如任何一种方法一样，实现农民就地成建制的市民化要具备诸多条件，不能盲目进行。

启示三：政府应重视强化对进城农民集体经济组织的监管。

由于是整村成建制"农转市"，变为市民的农民必然成为拥有不可、不应分配个人处置的集体财产的特殊居民，其集体经济组织与在农村的经济社会环境、目标、方式上都有很大区别，为保障其财产权利、减少返贫和维护社会稳定，政府应制定相应法规，加强指导、监督其健康有效运行。

尽管大兰整村"农转市"模式目前运行平稳，但仍然存在着不容忽视的问题：

1. 土地产权关系问题

目前相关各方对原大兰村集体土地产权的归属的认识很不明晰、统一，各执一端。在座谈中，当问到原大兰村的土地所有权今后归谁，区乡干部认为归乡政府，农民则认为仍然归自己；当谈到最近政府要征地修公路时，农民说应该给他们补偿，区乡干部觉得不应该。虽然大兰村农民填写入社申请书，承诺"双放弃"，但大兰村集体土地产权归属问题没有解决，还会引发问题和矛盾。

按照有关法律规定，大兰村民集体"双放弃"并转为龙泉区的市民后，大兰村村民的承包地、宅基地就应该退给村集体经济组织。但产生的问题是：大兰整村"农转市"，按说全部村民都该退还承包地、宅基地，村集体经济组织就不复存在，村民即使要退还也没有接受主体；如果大兰村民继续拥有承包地、宅基地，于现行法律不符；如果转变为国有，归乡政府所有或代管，又没有法律依据。对此，需要在法律上做重大修改。

2. 土地市场交易收益分配问题

应当说，大兰整村"农转市"模式形成了政府、企业、农民三方共赢的局面，"让利于民"的配置取向使土地资源利用效率都得到了全面提高，农民真正获得起码应有的土地财产收益。这在目前是很难得的进步。但也应当看到，在整个运作过程中，农民仍然还不完全是处置自己土地财产的主人，全体农民所得总计大约只占土地收益的一半，显然农民仍然明显吃大亏。今后，国家应该规定，由于类似情况的公益性，外部投资者和帮助者（包括政府）的土地收益不得超过土地交易总额的10%～15%。以大兰村情况看，土地交易总额7.5亿元的10%为7500万元，运作公司的获利相当可观。

3. 占补耕地的质量不平衡问题

成都市统筹城乡配套综合改革实行的是城乡建设用地和耕地之间的"占一补一"的政策，大兰实践正是按照这一政策实施。但是，"占一补一"是耕地数量平衡，没有充分考虑土地质量平衡问题。尤其是山区耕地贫瘠，产出低下，按"占一补一"标准更不平衡。在我国前一段时期的工业化、城镇化进程中，大量优质耕地已经被征收为非农用地，今后再按"占一补一"标准征转将会降低我国农产品供给能力，必须提高补充耕地的数量、质量平衡标准。

执笔：肖俊彦